Franz Brandl

Cocktails mit und ohne Alkohol

100 Top-Drinks

Von einfach bis raffiniert –
die besten Mixrezepte für jede Party

Südwest

Inhalt

Mixen wie die Profis

Mixen wie die Profis	5
Mixen leicht gemacht	5
Die Geschichte des Cocktails	6
Die Drinkgruppen	8
Mixpraxis	12
Die Gläserkollektion	14
Bargeräte	16
Praktische Tipps	21
Genuss ohne Reue	25

100 Top-Drinks

Erfrischende und köstliche Cocktails für jede Gelegenheit.

Americano • Campari Orange	26
Caipirinha • Batida de Mel	28
Jack Rose • Sir Henry	30
Bellini • Pomme d'Amour	32
Kir Royal • Ritz	34
Side Car • Rémy Cup	36
Brandy Alexander • Frenchy	38
Pussy Foot • Alice	40
Florida • Green Banana	42
Andrea • Exotic Punch	44
Speedy Gonzalez • Strawberry Kiss	46
Martini Cocktail • Gimlet	48
Flamingo • Tom Collins	50
Gin Tonic • Big Ben	52
Paradise • White Lady	54
Singapore Sling • Florida Sling	56
Midori Sour • Green Sex Machine	58
Comfort Manhattan • Florida Comfort	60

Scarlett O'Hara • Honolulu Juicer   62
B and B • Marco Polo   64
Golden Dream • Yellow Bird   66
Cherry Banana • Pink Flamingo   68
Cassis Lady • Pink Colada   70
Peach Daiquiri • Sex on the Beach   72
Jungle Juice • Green Monkey   74
Banana Boot • Evergreen   76
Grasshopper • Menthe Frappé   78
Red Lion • Rêve Tropical   80
Mer du Sud • Fire on Ice   82
Tropical Red • Fireball   84
Amaretto Sour • Yellow Almond   86
Brasil Tropical • Night in Blue   88
Kilimanjaro • Marula Paradise   90
White Russian • Tía Tropical   92
Bull Royal • Russian Bull   94
Rusty Nail • Corcovado   96
Pisco Sour • Pisco Tonto   98
Cuba Libre • Planter's Punch   100
Piña Colada • Mai Tai   102
Daiquiri • Caipirissima   104
Bahama Mama • Pusser's Painkiller   106
Margarita • Xuxu Margarita   108
Tequila Sunrise • El Diabolo   110
Big Apple • Vermouth Cassis   112
Scottish Surprise • Rob Roy   114
Irish Coffee • Irish Lady   116
Whisky Sour • Old Fashioned   118
Bloody Mary • Moscow Mule   120
Screw Driver • Swimming Pool   122
Caipirovka • Cool Bull   124

Welcher Drink hat welche Basis?   126

Über dieses Buch   127
Register   128

Garnierungen – fruchtig und dekorativ zugleich.

Mixen wie die Profis

Es gibt viele Anlässe, eine Bar aufzusuchen, und wenn diese wohlbestückt und gut geführt ist, präsentiert sie sich als eine Stätte des Genusses und der kultivierten Lebensart. Doch ob im Hotel, im Restaurant oder zu Hause – der perfekte Barmixer muss gewisse Regeln kennen und mit den vielen Rezepten vertraut sein, die sich zu jedem Anlass anbieten. Zur Basis gehört dabei ein umfassendes Wissen über die verschiedenen Spirituosen und sonstigen Ingredienzien von Mixgetränken. Wer sich als Laie im Handel umsieht, steht meist ratlos vor einem schier unübersehbaren Angebot und der Frage nach Geschmack und Qualität.

Mixen leicht gemacht

Das vorliegende Taschenbuch bietet sich als übersichtlicher und verlässlicher Wegweiser an. Es enthält alles an Informationen, was man im professionellen wie im privaten Bereich zum Aufbau und zum Betrieb einer gepflegten Bar braucht. Das beginnt bei der Ausstattung mit Gläsern und Geräten, einer Übersicht über die verschiedenen Gruppen von Drinks, einer Einführung in die Mixpraxis und vielen Tipps und Tricks und setzt sich fort mit bewährten Rezepten mit genauer Anleitung zur Zubereitung.

Der ausgebildete und geprüfte Barmeister Franz Brandl, lange Jahre Barchef in den besten Hotels und Restaurants, hat mit den »100 Top-Drinks« ein Barbuch geschaffen, das den Einsteiger zum Mixen und Genießen verführt.

Die richtige Entscheidung bei der Auswahl seiner Zutaten trifft man immer mit international bekannten Produkten.

Die Geschichte des Cocktails

Cocktail heißt auf Deutsch »Hahnenschwanz«, und über die Entstehung des Namens gibt es eine Anzahl amüsanter Geschichten. Wahrscheinlich ist, dass der Cocktail seinen Namen den Hahnenkämpfen zu verdanken hat. Nach beendetem Kampf hatte der Besitzer des Siegerhahns das Recht, dem getöteten Rivalen die bunten Schwanzfedern auszureißen. Beim anschließenden Umtrunk wurde diese Trophäe mit einem Drink »on the cock's tail« begossen. Später nannte man diese nach den Kämpfen gereichten Getränke Cocktails.

Das damals in Nordamerika zur Verfügung stehende Spirituosenangebot beschränkte sich fast ausschließlich auf die einheimischen Whiskeys, die aber nicht die Qualität der heutigen Erzeugnisse aufwiesen.

Was für harte Männer

Dass sie bunt waren wie die Federn der Hähne oder wie die heute gemixten Drinks, darf bezweifelt werden. Fest steht, dass man gute Gründe hatte, seine Drinks nicht pur zu genießen. Es waren harte, hochprozentige und meist ungelagerte Kornschnäpse, deren Genuss Mut und Standvermögen erforderte. So lag es nahe, dass man versuchte, durch Süßen mit Zucker oder Honig oder durch die Zugabe von aromatischen Ingredienzien und Früchten den Genuss erträglicher zu machen.

Ab Mitte des 19. Jahrhunderts wurden in Nordamerika andere Spirituosen und Liköre hergestellt – von europäischen Einwanderern, die ihr Wissen um die Destillation in der neuen Heimat in die Tat umsetzten.

Auch der Platz der Kommunikation hatte sich geändert: von der Namensgeberin der Bar, der einfachen Barriere des Western-Saloons, zur heutigen American Bar. Bereits um die Jahrhundertwende war diese ein fester Bestandteil des amerikanischen Gesellschaftslebens. Die Importwege aus Old Europe funktionierten, vielerlei Spirituosen kamen ins Land, und damit stand der amerikanischen Genuss- und Experimentierfreude nichts mehr im Weg. Es wurden unzählige Cocktails erfunden, von denen viele als Eintagsfliegen starben, manche jedoch weltbekannt wurden.

Die unendlich vielen Möglichkeiten, die sich durch die immer größer werdende Anzahl der Spirituosen zum Mixen boten, legten nahe, dass man die Mixgetränke in Gruppen einordnete. So wurden vom Volumen her kurze Getränke als Shortdrinks und diese wiederum in Before- und After-Dinner-Drinks unterteilt. Mit Säften und Limonaden verlängerte Alkoholika reihte man unter Longdrinks ein. Diese Short- und Longdrinks wurden wiederum nach Zubereitungsart, Zutaten und Verwendung untergliedert. So entstanden über 30 Gruppen, die sich zu verschiedenen Gelegenheiten anbieten. Innerhalb der klassischen Einteilung haben sich verschiedene Drinks als Night-Cup, Winter- oder Sommerdrink, als Magenstärker oder Katerkiller einen Namen gemacht.

Von den USA nach Europa

In Europa begann der Siegeszug des Cocktails in den Bars der großen Hotels, die um die Jahrhundertwende errichtet wurden. In Deutschland erhielt der Cocktail erst in den späten fünfziger Jahren den Stellenwert, den er in den Großstädten der USA und in London und Paris längst hatte. In den siebziger Jahren war der Durchbruch geschafft. Neben den Hotelbars hielt die American Bar bei uns Einzug. Viel trug auch das in dieser Zeit rasant wachsende Angebot an internationalen Getränken bei, doch auch der Tourismus brachte neue Impulse. Mittlerweile hat sich die Bar einen festen Platz in der Gastronomie erobert und ist zum beliebten Ziel vieler Genießer geworden.

In den letzten Jahren entstand die Gruppe der Tropicaldrinks. Dazu zählen die Rum-, Tequila- und Cachaçadrinks sowie die Rezepturen mit exotischen Säften und Sirupen.

Die Drinkgruppen

▶ **Cocktails** gehören zu den Shortdrinks, die wiederum nach Before- und After-Dinner-Drinks unterschieden werden. Sie sollen vor dem Essen den Appetit anregen und nach dem Essen die Verdauung fördern. Ideale Before-Dinner-Drinks sind alle »trockenen« Mischungen, d. h. solche, die keine oder nur wenig süße Zutaten enthalten. Drinks, die mit Sirup oder Likören bereitet werden, sind meist After-Dinner-Drinks. Natürlich gibt es einige Cocktails, die man vor und nach dem Essen trinken kann.

Der Begriff »Aperitif« kommt vom lateinischen aperire = öffnen.

▶ **Aperitifs** sind Getränke, die man vor dem Essen genießt. Sie sollen von der Menge her nicht zu reichlich bemessen sein, damit sie den Magen nicht belasten. Bei den Aperitifs unterscheidet man vier Gruppen: die weinhaltigen Aperitifs, die anishaltigen Spirituosen, die Bitters und die Mischungen (Before-Dinner-Drinks). Zu den weinhaltigen Aperitifs zählen die Vermouths, die trockenen Südweine und der trockene Champagner oder trockene Sekt.

Etwas Für jeden Geschmack

▶ **Champagnercocktails** eignen sich je nach Geschmacksintensität, Spritzigkeit und Geschmacksrichtung für außerordentlich viele Gelegenheiten. Man kann sie zum zweiten Frühstück, als Aperitif zum Lunch, zur Cocktailhour, als Before-Dinner- genauso wie als After-Dinner-Drink servieren. In einen Champagnercocktail gehört selbstredend Champagner; verwendet man zum Auffüllen trockenen Sekt, erhält man Sektcocktails.

▶ **Longdrinks** zählen zu den beliebtesten Mixgetränken. In diese Getränkekategorie gehören auch so einfache Mischungen wie Gin mit Tonic, Wodka mit Tonic, Rum mit Cola, Bourbon Whiskey mit Ginger Ale, Seven Up oder Cola, Brandy Soda, Scotch Soda und Southern Comfort mit Ginger Ale.

Bei allen diesen Drinks gibt man 4 cl der gewünschten Spirituose über Eiswürfel in ein Longdrinkglas und serviert Wasser, Soda, Cola oder Limonade dazu. Bei den Gin-, Wodka-, Rum- und Brandydrinks fügt man dem Drink immer eine halbe Zitronenscheibe hinzu.

Saures für zwischendurch

▶ **Sours** sind relativ konzentrierte Getränke. Die Verbindung der jeweiligen Spirituose mit Zitronensaft und Zucker ergibt einen aparten Geschmack. Von der Menge her sind die Sours weder Short- noch Longdrinks, sie gelten als ideales Getränk für zwischendurch, für den Beginn eines langen Abends, für Unentschlossene.

Sours serviert man in kleinen, leicht bauchigen Sektgläsern. Man kann sie aber auch im kleinen Tumbler »on the rocks« anrichten.

▶ **Fizzes** zählen zu den beliebtesten und bekanntesten Mixgetränken. Ihre Herstellung ist sehr einfach. Wichtig dabei ist, dass man die Zutaten kräftig schüttelt. Auf das im Shaker verbliebene Eis gibt man einen Schuss Sodawasser und füllt damit den Fizz auf. Fizzes serviert man in mittelgroßen Gläsern ohne Stiel.

▶ Der **Collins** ist dem Fizz ähnlich und besteht wie dieser aus einer Spirituose, Zitrone, Zucker und Sodawasser. Er wird jedoch im Longdrinkglas auf Eiswürfeln angerichtet und mit einer Zitronenscheibe und einer Cocktailkirsche garniert.

▶ **Flips** sind bekömmliche und magenfreundliche Getränke, die man zum zweiten Frühstück wie zum Fünfuhrtee servieren kann. Sie werden meist mit Eigelb,

Generell werden alle Mixgetränke mit einem Volumen von etwa 20 cl den Longdrinks zugeordnet.

Zucker und Sahne zubereitet und in leicht bauchigen Sektgläsern serviert. Flips schüttelt man kräftig mit großen Eiswürfeln – aber nur kurz, um ein Verwässern zu verhindern. Über den fertigen Flip reibt man etwas Muskatnuss.

▶ **Fancy Drinks** sind, wie der Name schon sagt, Phantasiegetränke. Da ihre Zubereitung von den klassischen Zubereitungsarten abweicht, werden sie in dieser Kategorie zusammengefasst. Die meisten Fancy Drinks sind internationale Berühmtheiten und gehören zum festen Repertoire eines versierten Barmixers. Weltbekannt sind Screw Driver, Bloody Mary, Mai Tai und Caipirinha.

Fast alle Fancy Drinks eignen sich für den geübten Bargänger als Rund-um-die-Uhr-Drinks.

Raffiniertes – auch ohne Alkohol

▶ **Alkoholfreie Drinks:** Waren früher nur wenige Mischungen von Fruchtsäften oder Limonaden mit Sirups bekannt, so bilden heute vielerlei Ausgangsprodukte die Basis für ungezählte Rezepturen. Das erweiterte Sirup-, Limonaden- und Saftangebot eröffnet viele neue Möglichkeiten. Die Geschmacksskala der Alkoholfreien reicht von herb bis süß. Für ihre Zubereitung gibt es keine festen Regeln. Sie werden mit Eiswürfeln direkt im Glas angerichtet, geschüttelt oder im Elektromixer zubereitet. Alkoholfreie Mixgetränke garniert man mit Früchten und serviert sie mit Trinkhalmen. Sie sind Getränke für jede Tageszeit, eignen sich jedoch nicht als Before- oder After-Dinner-Drinks.

▶ **Hot Drinks:** Die Bezeichnung steht als Oberbegriff für heiße Getränke, deren bekanntester Vertreter der Irish Coffee ist. Vielerlei Spirituosen und Liköre eignen sich hervorragend zum Genuss in Verbindung mit Kaffee, zum Teil auch mit Tee, Schokolade oder heißem Wasser. Im weitesten Sinn zählt auch erhitzter Wein, wie etwa Glühwein, zu dieser Getränkekategorie.

Mixpraxis

In der Umgangssprache heißen alle Mixgetränke Cocktails. Eigentlich ist das eine falsche Bezeichnung, denn für den Fachmann sind die Cocktails nur eine der 30 Untergruppen bei den Mixdrinks.

Die wichtigsten Schritte: Zurechtstellen der Zutaten, Schütteln, Abgießen und Garnieren (von oben nach unten).

Mixgetränke können auf vier verschiedene Arten zubereitet werden: durch Schütteln im Shaker (siehe rechts), Rühren im Mixglas, Anrichten im Trinkglas oder mit dem Elektromixer oder Blender (siehe Abbildungen Seite 13).

Schütteln

Beim Schütteln füllt man den größeren Teil des Metallshakers oder den Glasteil des Boston-Shakers etwa zur Hälfte mit Eiswürfeln und stellt sich die Zutaten und Gläser in Griffnähe.

Bevor die Zutaten in den Shaker kommen, gießt man angesammeltes Eiswasser aus dem Shaker ab. Dann wird der geschlossene Shaker in waagerechter Haltung geschüttelt (siehe zweite Abbildung von oben) und das fertige Getränk durch ein Barsieb in Gläser abgeseiht (siehe zweite Abbildung von unten). Das Eis bleibt im Shaker zurück. Wird ein Drink auf Eiswürfeln angerichtet, dann verwendet man immer frisches Eis. Zuletzt wird der Drink mit Früchten garniert.

Rühren

Beim Rühren werden Eis und Zutaten in ein Rührglas gegeben; mit einem Barlöffel wird dann schnell und kräftig in einer Spirale von oben nach unten gerührt. Durch das Barsieb wird der Drink abgegossen (siehe Seite 12).

Das Mixen im Elektromixer: eingießen (links), mixen und abgießen (Randspalte).

Drinks aus dem Elektromixer

Bei der Zubereitung im Elektromixer gelten die gleichen Regeln wie beim Schütteln. Die Anwendung des Elektromixers sollte sich auf die Herstellung von Mixgetränken beschränken, die Sahne, Milch, Speiseeis oder Creams enthalten.

Wenn Zweifel bestehen, ob ein Drink geschüttelt oder gerührt wird, sollte man sich an folgende Faustregel halten: Geschüttelt werden sämtliche Mischungen, die Säfte (Ausnahme: Tomatensaft), Sahne oder andere Trübstoffe enthalten. Gerührt werden alle Mischungen ohne Säfte, also solche, die aus Spirituosen und Likören bestehen und keine Trübstoffe aufweisen.

Für das Anrichten im Glas gibt es keine festen Regeln, es ist je nach Drink verschieden. Eins gilt jedoch für alle Cocktails und Mixgetränke: Sie müssen eiskalt serviert werden, denn nichts ist schlimmer als ein lauwarmer Drink.

Am Ende kommt die Garnitur (Bild links).

Die Gläserkollektion

Um den Cock-tail richtig zu präsentieren, muss das Glas passen. Eine Auswahl der gängigsten Formen gehört in jede gute Bar.

Die hier abgebildeten Gläser reichen aus, um alle Cocktails und Mixgetränke dieses Buchs ansprechend und fachlich richtig präsentieren zu können. Formschöne Gläser werten – wie es ja auch bei Wein oder Champagner der Fall ist – jedes Mixgetränk auf.

Auf dem Foto von links nach rechts:
1 Tumbler   2 Cocktailschale
3 kleines Longdrinkglas
4 großes Longdrinkglas
5 Cocktailschale
6 Champagnerglas

»Das Auge trinkt mit« – diese Devise sollte man besonders bei den klassischen Cocktails und bei Drinks ohne Garnituren beherzigen und ansprechende Gläser verwenden. Natürlich bergen dünne Gläser ein erhöhtes Bruchrisiko, sie präsentieren aber auch dadurch, dass sie sofort beschlagen, jeden Drink erfrischend und appetitlich.

7 Kelchglas   8 Weinglas
9 Cocktailschale   10 Becherglas
11 Sektkelch   12 Weinglas
13 Irish Coffee-Glas

SCHOTT ZWIESEL

Bargeräte

Mixen ist weitaus einfacher, als man denkt, und der Aufwand an Geräten hält sich in Grenzen.

Shaker, Rührglas und Barsieb sind das unbedingte Muss beim Mixen. Viele der weiteren Gerätschaften sind meist im Haushalt vorhanden oder lassen sich provisorisch ersetzen.

Shaker

Drei Modelle von Shakern sind auf dem Markt: der zweiteilige aus Silber, der dreiteilige aus Edelstahl mit im Mittelteil eingebautem Sieb und der Boston-Shaker, der aus einem kleineren Glasteil und einem größeren Edelstahlteil besteht.

Das Glasteil des Boston-Shakers ist dick und massiv. Ist kein Rührglas vorhanden, dann verwendet man dieses Glasteil zum Rühren.

Beim zwei- oder dreiteiligen Metallshaker wird das (größere) Unterteil gefüllt und das Oberteil nach innen eingesetzt. Nach dem Shaken wird aus dem Unterteil abgegossen.

Beim Boston-Shaker wird das (kleinere) Unterteil aus Glas gefüllt. Dies kann bis zum oberen Rand geschehen, da das (größere Metallteil) übergestülpt wird. Nach dem Shaken wird aus dem Metallteil abgegossen.

Rührglas

Dickwandiges großes Glas mit Ausgießschnabel zum Mischen von Cocktails mit klaren Zutaten, also im Ergebnis ungetrübten Drinks. Keine Verwendung bei Drinks mit Säften, Sahne usw.

Eisschaufel oder Eiszange

Zum Herausnehmen von Eiswürfeln aus dem Eiskübel am besten geeignet sind kleine Edelstahlschaufeln mit Löchern, die das Ablaufen von Eiswasser zulassen.

Elektromixer

Für den Profi gibt es robuste Elektromixer mit starkem Motor. Für den Hobbymixer sind die heute in jeder Küche anzutreffenden Modelle ausreichend. Der Elektromixer kann zum Pürieren von Früchten, zum Sahneschlagen und beim Mixen von Drinks eingesetzt werden, die Creams, Sahne, Eier oder Milch enthalten. Auch zur Zubereitung von Drinks mit Crushed Ice oder bei größeren Mengen ist der Elektromixer vorteilhaft.

Blender

Als Blender bezeichnet man in der Fachsprache einen elektrischen Mixer, der über einen nach unten gerichteten Metallstab mit Quirl verfügt. Dieser vermischt in dem von unten eingehängten Metallbecher die Zutaten. Er erfüllt die gleichen Aufgaben wie der Elektromixer, eignet sich jedoch nicht zum Pürieren von Früchten und zum Mixen von mehreren Drinks.

Beim Mixen mit dem Blender ist es vorteilhaft, möglichst kleine Eisstückchen zu verwenden.

Barlöffel

Für gerührte Drinks braucht man diesen langstieligen Löffel zum Vermischen der Getränke im Rührglas.

Barmesser

Als Barmesser bewährt hat sich ein mittelgroßes Sägemesser mit zwei Spitzen zum Schneiden und Aufspießen von Fruchtstücken. Wird im Handel als Tomatenmesser angeboten.

Barzange

Eine Spezialzange mit vielen Funktionen. Sie dient hauptsächlich zum Herausdrehen fest sitzender Sekt- und Champagnerkorken.

Messbecher

Für den Gebrauch an der Bar gibt es Modelle aus Metall, deren größerer Teil 4 Zentiliter und deren kleinerer 2 Zentiliter fasst. Es eignen sich aber auch einfache Schnapsgläser mit 4-cl- und 2-cl-Eichung.

Barsieb (Strainer)

Vor dem Mixen steht bereits der optische Genuss: Bargerätschaften bester Qualität.

Das Spiralsieb dient zum Zurückhalten des Eises nach dem Shaken/Rühren im Shaker/Rührglas.

Holzstößel

Einen Holzstößel benötigt man zum Ausdrücken von Limetten oder Minze im Glas.

Schneidbrett

Zum Schneiden von Früchten verwendet man am besten ein größeres Kunststoffbrett.

Eiseimer

Im Eiseimer oder Eiskübel aus Glas, Metall oder Kunststoff wird das zum Mixen benötigte Eis aufbewahrt.

Stirrer (Rührstab)

Für fruchtige Longdrinks und Drinks mit Crushed Ice benötigt man immer Trinkhalme.

Diese langen Kunststoffstäbe gibt man zum Verrühren in Longdrinks, die aus Spirituosen und Limonaden bestehen (Gin Tonic oder Rum Cola etc.).

Trinkhalme

Sie sollten bunt, lang und dick sein. Zu lange Halme werden mit der Schere zurechtgeschnitten.

Korkenzieher

Am besten eignen sich Hebelkorkenzieher mit breiter Spirale und Schneidemesser zum Abschneiden des Stanniols am Flaschenhals. Nach dem Eindrehen des Gewindes in den Korken wird der Hebel am Flaschenhals angesetzt.

Flaschenöffner

Einen Flaschenöffner zum Öffnen von Kapselverschlüssen (Kronkorken) ist im Haushalt in der Regel vorhanden.

Cocktailspieße

Kleine Spieße aus Kunststoff oder Holz zum Aufspießen von Kirschen, Oliven u. v. a. braucht man zum Garnieren der Drinks.

Praktische Tipps

Die wichtigste Voraussetzung zum späteren Gelingen eines Drinks liegt in den Zutaten. Ob Saft, Sekt, Likör oder Spirituose – ohne Qualität gibt es keinen guten Drink. Vielfach wird vergessen – oder ist nicht bekannt –, dass im Sektpreis pro Normalflasche 2 DM Sektsteuer enthalten sind und auf eine 0,7-Liter-Flasche Likör oder Spirituose bei 40 % vol ca. 7 DM Branntweinsteuer entfallen. Zieht man diese Steuern vom Kaufpreis ab, und berücksichtigt man die Kosten für Vertrieb, Werbung, Verwaltung, Flasche, Verpackung, Herstellung, Lagerung, Spedition sowie die Mehrwertsteuer und den Aufschlag des Einzelhandels, dann fragt man sich, welche Verdienstspanne dem Hersteller noch bleibt. Hier macht es auch nicht mehr die Masse. Bei einem Preis von 5 DM für eine Flasche Sekt oder 10 DM für eine Flasche Spirituose kann der Inhalt kein Qualitätsprodukt sein. Bei Sekt in der Preisgruppe um 10 DM haben die Hersteller Spielraum beim Einkauf, bei der Verarbeitung und der Reifezeit. Viele international renommierte Spirituosen sind im Bereich um 20 DM zu haben. Das bedeutet, dass man für vier Zentiliter rund 1,20 DM ausgeben muss. Mit den weiteren Zutaten bewegen sich die Kosten für die Herstellung eines Mixgetränks dann um die 2 DM. Ob es dann am nächsten Tag »nie wieder« oder »das war eine tolle Party« heißt, hat man also selbst in der Hand.

Der einfachste, aber in der Regel sicherste Maßstab für die Qualität ist immer noch der Preis.

Eis

Viel zum Gelingen eines Drinks trägt das Eis bei. Es muss geschmacklich neutral sein, die richtige Größe haben, und – so abwegig es klingt – es darf nicht zu kalt sein. Die Berufsbarmixer haben Eiswürfel aus dem Eiswürfelbereiter zur Verfügung, deren Kältegrad um die 0 °C liegt. Beim Mixen mit diesen Eiswürfeln entsteht ein anderer Kälteeffekt als mit Eiswürfeln, die aus der Tiefkühltruhe stammen und meist um –15 °C aufweisen. Eiswürfel mit geringer Kälte lösen sich beim Mixen natürlich schneller auf. Dadurch geben sie viel mehr Flüssigkeit ab, und diese ist zum Gelingen mancher Drinks wichtig.

So paradox es klingt: Je kälter die Eiswürfel sind, desto geringer ist ihr Kühleffekt. Das fehlende Schmelzwasser kann dann nicht zur Kühlung beitragen, und während des Schüttelns oder Rührens nimmt der Drink nicht genügend Kälte vom Eis an. Drinks mit zu kalten Eiswürfeln müssen deshalb länger geschüttelt werden.

Auch das Unscheinbare ist oft einen Gedanken wert: Das richtige Eis ist eine Garantie für gelungene Drinks.

Am besten nimmt man die Eiswürfelschalen einige Zeit vor ihrer Verwendung aus dem Tiefkühler und lässt sie antauen. Sie verlieren dadurch an Kälte, und das Eis lässt sich dann besser verarbeiten.

Zerstoßenes Eis (Crushed Ice)

Dazu gibt man Eiswürfel auf ein Küchentuch aus Leinen und faltet es zu einem Beutel zusammen. Diesen legt man auf einen festen Untergrund und schlägt mit einem Fleischklopfer oder Holzhammer darauf. Die kleinen Eisstücke gibt man mit einem Löffel in das Glas oder nimmt sie direkt mit dem Glas vom Tuch auf. Das restliche zerstoßene Eis füllt man in Gläser und stellt diese bis zum Gebrauch ins Gefrierfach.

Gekühlte Gläser

Mixdrinks in Cocktailschalen oder kleinen Stielgläsern kann man zusätzlich kühlen, indem man sie in »gefrosteten« Gläsern serviert. Dazu stellt man die Gläser einige Stunden vor Gebrauch ins Tiefkühlfach oder füllt sie vor dem Mixen mit gestoßenem Eis. Manche Cocktail-schalen lassen sich auch durch Frappieren, d. h. durch Ausschwenken mit Eiswürfeln, kühlen.

Zucker- und Salzrand

Um einen Zucker- oder Salzrand herzustellen, wird das Fruchtfleisch eines Zitronenviertels leicht eingeschnitten und darin der Glasrand mit der Öffnung nach unten gedreht. Anschließend tupft man den Glasrand in eine Schale mit Zucker oder Salz. Durch leichtes Klopfen am Glasrand entfernt man nicht anhaftende Anteile.

Aromatisieren

Manche Drinks werden mit einem Spritzer einer aromastarken Zutat, wie etwa Angostura, aromatisiert. Bestimmte Drinks werden auch durch Abspritzen mit einer Orangen- oder Zitronenschale aromatisiert: Dazu schneidet man aus einer Orange bzw. Zitrone ein Zweimarkstück großes Teil der Schale ab und drückt dieses über dem Drink kurz zusammen, so dass die ätherischen Öle auf den Drink gespritzt werden. Je nach Rezept gibt man das Schalenstück dem Getränk dann bei.

Garnituren

Grundsätzlich verwendet man frische Früchte. Sie sollten mit der Geschmacksrichtung der Drinks harmonieren und im Verhältnis zum Volumen des Drinks stehen, d. h., den Drink nicht mit Früchten überladen. Man schneidet die Fruchtstücke ein, steckt sie an den Glasrand, gibt sie direkt in den Drink oder legt sie aufgespießt über den Glasrand. Am besten eignen sich Orangen, Zitronen, Limetten, Kiwis, Karambolen, Ananas, Bananen, Erdbeeren, Physalis (Kapstachelbeeren), Kumquats (Zwergorangen) und Cocktailkirschen.

Beim Mixen unentbehrlich ist der Aromaticbitter Angostura. Das Original wurde erstmals 1824 in Venezuela hergestellt.

Abmessen

Äußerst wichtig beim Mixen ist das Abmessen der Zutaten. Der Handel bietet Messbecher aus Metall mit 2-cl- und 4 cl-Eichung an. Man kann aber auch Schnapsgläser mit der gleichen Eichung verwenden. Grundsätzlich beginnt man in der Reihenfolge Sirup, Säfte oder Sahne, also mit den kostengünstigeren Anteilen. Diese kann man noch nach Augenmaß eingießen, die zuletzt zugegebenen Liköre und Spirituosen sollte man aber unbedingt abmessen. Kohlensäurehaltige Limonaden oder Sekt zum Auffüllen kann direkt in den Drink hinzugefügt werden, da der Umweg über das Messglas einen Kohlensäureverlust bringt.

Fruchtsäfte, ein Likör oder ein Sirup und eine Spirituose sind meist ausreichend für eine neue Drinkkreation.

Eigenkreationen

Der Erfinden eines neuen Rezepts ist gar nicht so schwer. Wichtig ist, dass die Zutaten zueinander passen. Beginnend mit dem Sirup oder Saft (bzw. mit den kostengünstigen Anteilen), gießt man mit einem Messglas die Zutaten in den Shaker oder das Rührglas, rührt nach jeder Zugabe um und probiert. Damit hat man die Möglichkeit zum Ausgleichen. Erst wenn alle Bestandteile zugegeben sind und der Drink schmeckt, gibt man das Eis dazu und schüttelt oder rührt wie sonst auch. Durch die Kühlung und das Schmelzwasser verbessert sich in der Regel jeder Drink enorm.

Das Barsieb

Alle Drinks, die im Shaker oder Rührglas zubereitet werden, gießt man durch das Barsieb in die Gläser ab. Das benutzte Eis bleibt immer zurück. Werden Drinks auf Eiswürfeln angerichtet, so verwendet man immer frisches Eis.

Genuss ohne Reue

Das Genussmittel Alkohol hat wie vieles auf dieser Welt zwei Seiten. Einerseits ist er ein gutes Entspannungsmittel, hilft, ein Gespräch in Gang oder eine Party in Schwung zu bringen. Andererseits schafft Alkohol Probleme, wenn das richtige Maß überschritten und er regelmäßig genossen wird. Beschwipst sieht alles rosig aus, und so greift man immer wieder zum Glas – und merkt nicht, wie einem die Kontrolle entgleitet. Um am nächsten Tag nicht »nie wieder« sagen zu müssen, muss man sich ein Limit setzen, das deutlich unter dem Konsum des letzten Ausrutschers liegt.

Sicherheit am Steuer

Trinken Sie aber überhaupt keinen Alkohol, wenn Sie später noch Auto fahren müssen. Wenn Sie einmal viel getrunken haben, müssen Sie damit rechnen, dass Sie auch am nächsten Tag noch nicht fahrtüchtig sind, denn der Körper baut den Alkohol nur langsam ab. Heutzutage bietet jede Bar oder Gaststätte alkoholfreie Getränke an, und dies sollte auch ein verantwortungsvoller Gastgeber für seine Auto fahrenden Gäste tun. Alkoholfreie Mixgetränke sind mittlerweile ein fester Bestandteil im Getränkeangebot, und auch in diesem Buch werden alkoholfreie Drinks vorgestellt. Wurde man vor nicht allzu langer Zeit noch ausgelacht und war kein »ganzer Kerl«, wenn man etwas Alkoholfreies trank, so kann man heute eher mit Anerkennung rechnen und gilt als verantwortungsbewusst. Dass Kindern und Jugendlichen keine alkoholischen Getränke angeboten werden, versteht sich von selbst. Denken Sie also daran, dass Alkohol Freund und Feind sein kann, und handeln Sie danach.

Fahren Sie am besten nie mit dem Auto zu einer Party oder einer langen Nacht, sondern planen Sie von vornherein den Nachhauseweg mit einem Taxi oder einer anderen Mitfahrgelegenheit.

Americano

3 cl Campari Bitter • 3 cl Vermouth Rosso • Orange
kaltes Sodawasser

Der weltbe-kannte Campari wurde 1862 in Mailand von Gaspare Campari erstmals vorgestellt.

Campari Bitter und Vermouth Rosso in ein kleines Becherglas mit Eiswürfeln geben. Mit Orangenschale abspritzen und diese dazugeben. Sodawasser dazu separat servieren.

INFO Der Americano ist der international bekannteste Campari-Drink. Ideal für heiße Tage und als Aperitif. Die Geschichte erzählt, dass ein Graf Negroni seinen Americano etwas stärker liebte und etwas Gin zufügte. Für diese Version nimmt man etwas weniger Campari und Vermouth und gibt Gin dazu.

Campari Orange

4 cl Campari Bitter • Orangensaft • Orange

Campari Bitter in ein großes Becherglas mit Eiswürfeln geben und mit Orangensaft auffüllen. 1/2 Orangenscheibe dazugeben.

TIPP Wenn Sie es mild mögen, mischen Sie Ihren Campari mit Maracujanektar. Herber wird Ihr Drink, wenn Sie Grapefruit- statt Orangensaft verwenden. Eine frische Note erreichen Sie, indem Sie Ihren Campari mit Sodawasser oder Tonic Water auffüllen.
Campari mit Soda gibt es auch fertig gemischt mit 10 % vol in kleinen Flaschen. Diese trinkt man eisgekühlt ohne Eiswürfel und weitere Zutaten.

Caipirinha

1–2 Limetten • 6 cl Cachaça • 1–2 cl Rohrzuckersirup oder weißer bzw. brauner Rohrzucker

Cachaça wird wasserhell, aber auch durch Fasslagerung golden getönt angeboten.

Die Limetten vierteln und in einem Tumbler mit dem Holzstößel ausdrücken. Cachaça und Zucker oder Rohrzuckersirup zugeben, umrühren. Mit Crushed Ice füllen, nochmals umrühren.

Batida de Mel

*1–2 Limetten • 6 cl Cachaça • 6 cl Rose's Lime Juice
1 Barlöffel Honig*

Die Limetten vierteln und in einem Tumbler mit dem Holzstößel ausdrücken. Cachaça, Lime Juice und Honig dazugeben, umrühren. Mit Crushed Ice auffüllen, noch einmal umrühren.

INFO Cachaça (sprich: Kaschassa) ist die Nationalspirituose Brasiliens und steht in der Beliebtheitsskala bei den weißen Spirituosen nun auch in Deutschland ganz oben. Cachaça ist ein Destillat aus frischem, grünem Zuckerrohr und sollte nicht mit dem Rum, der ja aus Melasse, den Rückständen bei der Zuckergewinnung, hergestellt wird, verwechselt werden. Unterstützt wurde der Siegeszug des Cachaça seit den achtziger Jahren durch die ständige Verfügbarkeit von Limetten. Damit war der Weg frei für den erfolgreichsten Drink der neunziger Jahre – den Caipirinha. Cachaça ist auch eine gute Basis für Longdrinks mit Fruchtsäften und eignet sich zum Mischen mit Limonaden.

Jack Rose

4 cl Calvados · 2 cl Zitronensaft · 1 cl Grenadine

Eiswürfel in den Shaker geben, Calvados, Zitronensaft und Grenadine hinzufügen, schütteln und in ein Cocktailglas abgießen.

INFO Calvados ist ein Apfelbrand, der nach traditionellen Methoden in der Normandie hergestellt wird. Er wird im Gegensatz zu den Obstbränden nicht aus der Frucht, sondern aus Apfelwein – dem Cidre – destilliert und dann gelagert. Nach wenigstens zwei Jahren Reifezeit in Eichenholzfässern darf der Apfelbrand sich Calvados nennen.
Junger Calvados schmeckt intensiv nach Äpfeln und eignet sich am besten zum Mixen. Älterer Calvados ist weich im Geschmack und sollte pur genossen werden.

Ein Klassiker mit Calvados ist der Jack Rose. Er ist ein idealer Drink für den frühen Abend.

Sir Henry

3 cl Calvados · 2 cl Pfirsichlikör · 3 cl Orangensaft
kalter Sekt oder Champagner · Pfirsich · Cocktailkirschen

Calvados, Pfirsichlikör und Orangensaft mit Eiswürfeln in den Shaker geben, schütteln, in eine Champagnertulpe abgießen. Mit Sekt oder Champagner auffüllen. Einen Spieß mit Pfirsichstücken und Cocktailkirschen auf das Glas legen.

INFO 1553 wurde der Apfelbrand der Normandie erstmals urkundlich erwähnt. Calvados heißt er erst seit dem 19. Jahrhundert.

Bellini

weiße Pfirsiche • trockener Champagner

Weiße Pfirsiche schälen, entkernen, das Fruchtfleisch pürieren und 2 Esslöffel davon in eine Cocktailschale geben. Unter leichtem Umrühren mit gekühltem Champagner aufgießen.

INFO Der Bellini ist eine Erfindung der Harry's Bar in Venedig. Er wird seither aus weißen italienischen Pfirsichen und trockenem Champagner gemixt. Weitere neue Mixideen sind Rossini und Mimosa. Für den Rossini püriert man Walderdbeeren und Pfirsiche, für den Mimosa Mandarinen und Pfirsiche.
Alle drei Champagnerdrinks sind ideale Getränke für den Nachmittag und zum Aperitif.

Pomme d'Amour

2 cl Calvados Boulard Fine • 1 cl Cointreau • 1 cl Fraise des Bois (Walderdbeerlikör) • Champagner • 1 Babyapfel

Ein herrlicher Aperitif für festliche Stunden

Calvados Boulard Fine, Cointreau und Walderdbeerlikör in ein Rührglas mit Eiswürfeln geben, verrühren und in ein großes Becherglas auf Eiswürfel abgießen. Mit Champagner auffüllen. Einen Babyapfel an den Glasrand stecken.

INFO Sollte kein Walderdbeerlikör vorhanden sein, so lässt sich dieser durch Erdbeersirup ersetzen. Sollten Sie keinen Babyapfel finden, dann garnieren Sie mit Erdbeeren.

Kir Royal

1 cl Crème de Cassis • 10 cl Champagner

Crème de Cassis in eine Champagnertulpe geben und mit gekühltem Champagner aufgießen.

INFO Der Kir Royal mit Champagner ist die edlere Variante des Original Kirs, der mit weißem Burgunder zubereitet wird.

Variante: Kir Framboise

1 cl Crème de Framboise • 10 cl Champagner

Crème de Framboise in eine Champagnertulpe geben und mit gekühltem Champagner aufgießen.

TIPP Fein aromatisieren lässt sich Champagner nicht nur mit Crème de Framboise (Himbeerlikör), sondern auch mit Fraise de Bois (Walderdbeerlikör), mit Crème de Mure (Brombeerlikör) oder mit Crème de Peche (Pfirsichlikör).

Der Ritz wurde in den zwanziger Jahren von Frank Meier, dem Barchef des Hotels Ritz in Paris, kreiert.

Ritz

2 cl Cognac • 2 cl Cointreau • 2 cl Orangensaft
Champagner

Cognac, Cointreau und Orangensaft im Shaker mit Eiswürfeln gut schütteln und in eine Cocktailschale abgießen. Mit Champagner auffüllen.

Side Car

4 cl Cognac · 2 cl Cointreau · 2 cl Zitronensaft

Alle Zutaten im Shaker mit Eiswürfeln kräftig schütteln und in eine Cocktailschale abgießen.

INFO Diesen Cocktailklassiker finden Sie auf allen Barkarten der Welt. Er schmeckt herb und stark und ist ein idealer Drink zur Cocktailhour.

Variante: Between The Sheets

2 cl Cognac · 2 cl Cointreau · 2 cl weißer Rum
1 cl Zitronensaft

Alle Zutaten im Shaker mit Eiswürfeln kräftig schütteln und in eine Cocktailschale abgießen.

INFO Between the Sheets ist ein herber und starker Drink, der sich besonders in den USA großer Beliebtheit erfreut.

Rémy Cup

Dieses moderne, fruchtige Rezept stammt vom weltberühmten Cognachersteller Rémy Martin.

4 cl Rémy Martin Cognac · 1 cl Grenadine
10 cl Maracujanektar · Ananas · 1 Minzezweig

Cognac, Grenadine und Maracujanektar im Shaker mit Eiswürfeln gut schütteln und in ein großes Becherglas auf Eiswürfel abgießen. Mit Ananasstücken und Minzezweig garnieren.

Brandy Alexander

4 cl Cognac • 2 cl Crème de Cacao braun • 4 cl Sahne
Muskatnuss

Zutaten mit Eiswürfeln im Shaker kräftig schütteln. In eine Cocktailschale abgießen. Mit geriebener Muskatnuss bestreuen.

INFO Dieser klassische Drink ist bis heute der berühmteste After-Dinner-Drink. Er wird besonders von Damen zur Cocktailhour geschätzt.

Variante: Rum Alexander

4 cl brauner Rum • 2 cl Crème de Cacao braun • 4 cl Sahne
Muskatnuss

Zutaten mit Eiswürfeln im Shaker kräftig schütteln. In eine Cocktailschale abgießen. Mit geriebener Muskatnuss bestreuen.

Frenchy

Dieser aromatische Cognac-Longdrink ist ein Einsteiger in den frühen Abend, ein Drink für Unentschlossene.

4 cl Cognac • 2 cl Crème de Banane • 6 cl Orangensaft
6 cl Ananassaft • 1 cl Erdbeersirup • 1 Erdbeere

Eiswürfel in den Shaker geben, Cognac, Crème de Banane, Orangensaft, Ananassaft und Erdbeersirup dazugießen und gut schütteln. In ein Longdrinkglas auf Eiswürfel abgießen. Eine Erdbeere an den Glasrand stecken. Trinkhalm dazugeben.

Pussy Foot (alkoholfrei)

2 cl Granatapfelsirup (Grenadine) • 6 cl Ananassaft
6 cl Orangensaft • 6 cl Grapefruitsaft • Ananas
1 Cocktailkirsche

Grenadine, Ananas-, Orangen- und Grapefruitsaft im Shaker mit Eiswürfeln schütteln, in ein Longdrinkglas auf Eis abgießen. Mit Ananasstückchen und Cocktailkirsche garnieren.

INFO Die »Katzenpfote« ist eine alkoholfreie Variante des Planter's Punch und ein berühmter Fruchtdrink.

Alice (alkoholfrei)

Ein Oldie unter den alkoholfreien Drinks aus den sechziger Jahren.

2 cl Granatapfelsirup (Grenadine) • 2 cl Sahne • 8 cl Orangensaft • 8 cl Ananassaft • Orange • 1 Cocktailkirsche

Grenadine, Sahne, Orangensaft und Ananassaft im Shaker mit Eiswürfeln schütteln und in ein Longdrinkglas auf Eiswürfel abgießen. Mit Orangenscheibe und einer Cocktailkirsche garnieren.

Variante: Cinderella (alkoholfrei)

1 cl Granatapfelsirup (Grenadine) • 2 cl Kokossirup
2 cl Sahne • 8 cl Orangensaft • 8 cl Ananassaft

Die Zutaten im Shaker mit Eiswürfeln schütteln und in ein Longdrinkglas auf Eiswürfel abgießen. Mit einem Fruchtspieß garnieren.

Florida (alkoholfrei)

2 cl Maracujasirup • 2 cl Zitronensaft • 5 cl Ananassaft
5 cl Orangensaft • 5 cl Grapefruitsaft • Ananas
1 Cocktailkirsche

Maracujasirup, Zitronensaft, Ananassaft, Orangen- und Grapefruitsaft in den Shaker mit Eiswürfeln geben und schütteln. Das Ganze in ein Longdrinkglas auf Eiswürfel abgießen. Mit Ananasstückchen und Cocktailkirsche garnieren.

Tipp Wie bei den alkoholischen Drinks ist auch bei den »Freien« in der Variation keine Grenze gesetzt. Lassen Sie Ihre Phantasie spielen, kreieren Sie Ihren ganz individuellen Fruchtdrink. Eine Grundregel, die Sie dabei beachten müssen, ist die Ausgewogenheit der süßen und sauren Säfte sowie der dazu passenden Sirupe.

Neuere Sirupsorten sind u. a. Kokossirup, Blue Curaçao Sirup, Mandelsirup, Limetten- und Maracujasirup.

Green Banana (alkoholfrei)

2 cl Blue Curaçao Sirup • 2 cl Bananensirup
16 cl Orangensaft • Banane • Cocktailkirschen

Blue Curaçao Sirup, Bananensirup und Orangensaft im Shaker mit Eiswürfeln schütteln und in ein Longdrinkglas auf Eiswürfel abgießen. Einen Spieß mit Bananenscheiben und Cocktailkirschen über den Glasrand legen.

Info Ungeheuren Aufschwung erlebten die alkoholfreien Mixgetränke durch die Entwicklung neuer Sirupsorten ab Mitte der achtziger Jahre.

Andrea (alkoholfrei)

*4 cl Blue Curaçao Sirup • 2 cl Mandelsirup • 2 cl Zitronen-
saft • 12 cl Orangensaft • Orange • 1 Cocktailkirsche*

Säfte mit unausgeglichenem Zucker-Säure-Verhältnis werden zu Fruchtnektaren verarbeitet.

Blue Curaçao Sirup, Mandelsirup, Zitronensaft und Orangensaft im Shaker mit Eiswürfeln kräftig schütteln und in ein Longdrinkglas auf Eiswürfel abgießen. Eine Orangenscheibe mit einer Cocktailkirsche an den Glasrand stecken.

INFO Beim Einkauf von Fruchtsäften und Fruchtnektaren lohnt sich ein Studium der Etiketten. Der Fruchtsaftanteil erklärt die Preisunterschiede und gibt einen Hinweis auf die Qualität. Beim heutigen Stand der Haltbarmachung rückt auch die Frage Frisch- oder Fertigprodukt in den Hintergrund, ganz abgesehen davon, dass sich diese nur bei Zitronen-, Orangen- und Grapefruitsaft stellt. Bei Tomaten-, Trauben- und Apfelsaft sowie den exotischen Säften und Nektaren musste man schon immer auf Fertigprodukte zurückgreifen, und trotzdem – oder gerade deswegen – haben sich weltbekannte Drinks mit Fertigprodukten durchgesetzt.

Exotic Punch (alkoholfrei)

*2 cl Mangosirup • 4 cl Maracujanektar • 4 cl Ananassaft
4 cl Orangensaft • 4 cl Grapefruitsaft • Fruchtstücke*

Mangosirup, Maracujanektar, Ananas-, Orangen- und Grapefruitsaft im Shaker mit Eiswürfeln schütteln und in ein Longdrinkglas auf Eiswürfel abgießen. Mit Fruchtstücken garnieren.

Speedy Gonzalez (alkoholfrei)

2 cl Blue Curaçao Sirup • 6 cl Maracujanektar • 6 cl Grape-fruitsaft • 6 cl Bananennektar • Karambole • Erdbeeren

Blue Curaçao Sirup, Maracujanektar, Grapefruitsaft sowie Bananennektar im Shaker mit Eiswürfeln schütteln und in ein Longdrinkglas auf Eiswürfel abgießen. Mit Karambole und Erdbeeren garnieren.

Info Zu fruchtigen Longdrinks – mit oder ohne Alkohol – gehört eine Früchtegarnitur. Diese sollte essbar sein, mit den verwendeten Säften und Sirupen harmonieren und im Kontrast zur Farbe des Drinks stehen. Diese Drinks werden immer mit Trinkhalmen serviert.

Strawberry Kiss (alkoholfrei)

*2 cl Erdbeersirup • 2 cl Sahne • 6 cl Maracujanektar
6 cl Mangonektar • 6 cl Orangensaft • 1 Erdbeere*

Die klassischen Sirupe sind Himbeersirup, Waldmeistersirup, Erdbeersirup und Grenadine.

Erdbeersirup, Sahne, Maracujanektar, Mangonektar und Orangensaft im Shaker mit Eiswürfeln schütteln und in ein Longdrinkglas auf Eiswürfel abgießen. Eine Erdbeere an den Glasrand stecken.

Info Deutschlands größter Sirupproduzent, die Münchner Firma Riemerschmid, bietet Fruchtsirupe und Barsirupe in großer Sortenvielfalt an. Die normalen Fruchtsirupe sind dickflüssiger als die in professionellen Bars verwendeten Sirupe. Der geringere Fruchtanteil bei den Barsirupen wird jedoch durch eine zusätzliche natürliche Aromatisierung ausgeglichen.

Martini Cocktail

1 cl Vermouth Dry • 5 cl Gin • 1 grüne Olive • Zitrone

Den trockenen Vermouth mit Gin in einem Rührglas mit Eiswürfeln verrühren. In ein vorgekühltes Cocktailglas abgießen, eine grüne Olive dazugeben oder mit Zitronenschale abspritzen.

INFO Der herbe, starke Martini Cocktail gilt als König der Cocktails und ist besonders in den USA der Topdrink. Jeder Martinitrinker schwört dabei auf sein persönliches Mischungsverhältnis von Gin und Vermouth. 1 Zentiliter Vermouth darf man als Obergrenze ansehen. Auf gar keinen Fall sollte das Eis den Drink bei der Zubereitung verwässern.

Um 1800 war Gordon's Gin schon weithin bekannt und eine geschätzte Marke. Heute ist Gordon's die größte Ginmarke weltweit.

Gimlet

4 cl Gin • 2 cl Rose's Lime Juice • Limette

Gin und Rose's Lime Juice im Rührglas mit Eiswürfeln verrühren. In ein vorgekühltes Cocktailglas abgießen und eine Limettenscheibe zugeben.

INFO Auch der Gimlet hat seinen Platz unter den Top Ten der Cocktails. Er ist ein klassischer Before-Dinner- und Happy-Hour-Drink. Auch bei ihm lassen sich die Abmessungen nach Belieben verändern. Der dabei verwendete Rose's Lime Juice war der erste konservierte Fruchtdrink. Sein Name ist irreführend, denn es ist ein Limettensirup und kein Limettensaft. Er wird aus Limettensaft, Wasser und Zucker hergestellt.

Flamingo

4 cl Gin • 2 cl Apricot Brandy • 2 cl Zitronensaft
1 cl Grenadine

Gin, Apricot Brandy, Zitronensaft und Grenadine in einem Shaker mit Eiswürfeln gut schütteln und in eine Cocktailschale abgießen.

Tom Collins

Der Tom Collins wurde am Anfang des 20. Jahrhunderts kreiert. Collins hieß ein Londoner Barmixer, und gemixt wurde damals mit dem leicht gesüßten Old Tom Gin.

5 cl Gin • 3 cl Zitronensaft • 2 cl Zuckersirup
kaltes Sodawasser • Zitrone • 1 Cocktailkirsche

Gin, Zitronensaft und Zuckersirup im Shaker mit Eiswürfeln schütteln und in ein großes Becherglas auf Eiswürfel abgießen. Mit kaltem Sodawasser auffüllen. 1/2 Zitronenscheibe und eine Cocktailkirsche dazugeben.

INFO Von erfolgreichen Kreationen gibt es immer Varianten: So werden Collins mittlerweile mit vielen Spirituosen gemixt. Das Original, der Tom Collins, bleibt dennoch unerreicht. Im Originalrezept wurde der Tom Collins direkt im Glas angerichtet. Geschüttelt ist jedoch die Vermischung und Kühlung weitaus besser. Collins, Fizz und Sour können Sie mit den meisten Spirituosen mixen. Es werden dazu die gleichen Zutaten, nämlich die Spirituose, Zitrone und Zucker, verwendet. Auch die Herstellung unterscheidet sich nur geringfügig. Diese Ähnlichkeiten und Überschneidungen kamen dadurch zustande, dass sie zu verschiedenen Zeiten kreiert bzw. populär wurden.

Gin Tonic

4–6 cl Gin • kaltes Tonic Water • Limette oder Zitrone

In ein Longdrinkglas einige Eiswürfel und nach Belieben Gin geben. Mit Tonic Water auffüllen. 1/2 Limetten- oder 1/2 Zitronenscheibe dazugeben. Mit Stirrer servieren.

Die englische Firma Schweppes geht zurück auf den Hessen Johann Jacob Schweppe. Tonic Water wurde 1897 von Schweppes eingeführt.

INFO Gin Tonic ist der mit Abstand berühmteste Longdrink der Welt. Seinerzeit von den Briten entdeckt und durch das chininhaltige Tonic Water zur Medizin ernannt, wurde er zum weltweiten »sundowner« in den britischen Kolonien.

Ausschlaggebend für den Genuss ist die Qualität des verwendeten Gins. Durch die Zugabe des kohlensäurehaltigen Tonic Waters beginnt der Gin zu atmen und alle seine Aromastoffe freizusetzen. Bei billigem Gin die schlechten natürlich auch. Passionierte Gin-Tonic-Trinker erkennen mit geschlossenen Augen, welcher Gin zur Zubereitung verwendet wurde.

Big Ben

5 cl Gin • 4 cl Orangensaft • 2 cl Zitronensaft • 1 cl Grenadine
kaltes Bitter Lemon • Limette • 2 Cocktailkirschen

Gin, Orangensaft, Zitronensaft und Grenadine in einen Shaker mit Eiswürfeln geben, gut schütteln und in ein Longdrinkglas auf Eiswürfel abgießen. Mit gut gekühltem Bitter Lemon auffüllen. Eine Limettenscheibe an den Glasrand stecken und 2 Cocktailkirschen dazugeben.

Paradise

Dieser kräftige, jedoch nicht herbe Cocktail ist ein geschätzter Happy-Hour-Drink für Bargängerinnen.

4 cl Gin • 2 cl Apricot Brandy • 4 cl Orangensaft

Die Zutaten im Shaker mit Eiswürfeln gut schütteln und in eine Cocktailschale abgießen.

White Lady

4 cl Gin • 2 cl Curaçao Triple Sec • 2 cl Zitronensaft

Gin, Curaçao und Zitronensaft im Shaker mit Eiswürfeln schütteln, in eine Cocktailschale abgießen.

INFO White Lady ist eine Kreation, die bereits aus der Frühzeit der Cocktailgeschichte stammt. Trotzdem ist sie nie aus der Mode gekommen; bis heute fehlt sie auf der Karte kaum einer Bar. Das Rezept entstand um 1920 in Paris und wurde im Original anstelle von Zitronensaft mit weißer Crème de Menthe gemixt.

Variante: Blue Lady

4 cl Gin • 2 cl Curaçao Blue • 2 cl Zitronensaft
1 Cocktailkirsche

Gin, Curaçao und Zitronensaft im Shaker mit Eiswürfeln schütteln, in eine Cocktailschale abgießen. Eine Cocktailkirsche dazugeben.

INFO Die Blue Lady ist eine moderne Variante der berühmten White Lady.

Singapore Sling

4 cl Gin • 2 cl Cherry Brandy • 2 cl Zitronensaft
1 cl Grenadine • 1 Spritzer Angostura • kaltes Sodawasser
einige Tropfen Bénédictine • Zitrone • Cocktailkirschen

1915 kreierte der Barkeeper Ngiam Tong Boon den Singapore Sling.

Gin, Cherry Brandy, Zitronensaft, Grenadine und Angostura in den Shaker mit Eiswürfeln geben und schütteln. In ein Longdrinkglas auf Eiswürfel abgießen. Mit Sodawasser auffüllen, umrühren und Bénédictine darauf träufeln. Eine Zitronenscheibe und Cocktailkirschen dazugeben.

INFO Der Singapore Sling wurde Anfang dieses Jahrhunderts im berühmten Raffles-Hotel in Singapore kreiert. Der Neffe des Erfinders, Mister Robert Ngiam, ist heute Chef der berühmten Long Bar im Raffles. An Spitzentagen werden dort an allen Bars zusammen mit den Restaurants bis zu 2000 Singapore Slings verkauft. Der Sling erfuhr im Lauf der Zeit viele Veränderungen. Heute wird er oft mit etwas Ananas- und Orangensaft sowie 1 Zentiliter Bénédictine gemixt.

Florida Sling

4 cl Gin • 2 cl Cherry Brandy • 2 cl Zitronensaft
1 cl Grenadine • 8 cl Ananassaft • Ananas • 1 Cocktailkirsche

Gin, Cherry Brandy, Zitronensaft, Grenadine und Ananassaft mit Eiswürfeln in den Shaker geben, gut schütteln und in ein Longdrinkglas auf Eiswürfel abgießen. Ein Ananasstück mit einer Cocktailkirsche an den Glasrand stecken.

Midori Sour

5 cl Midori Melon Liqueur • 3 cl Zitronensaft
2 cl Rose's Lime Juice • 1 Cocktailkirsche

Melonenlikör, Zitronensaft und Rose's Lime Juice im Shaker mit Eiswürfeln schütteln, in ein Sourglas abgießen. Cocktailkirsche dazugeben.

INFO Die klassischen Sours – allen voran der Whisky Sour – überzeugen durch ihre Einfachheit und ihre süßsaure, die Spirituose betonende Note. Mit Melone, dem Geschmack der neunziger Jahre, mixen Sie einen Allrounddrink der Spitzenklasse.

Mit nur 20 % vol ist Midori eine ideale Basis für frische und leichte Drinks.

Green Sex Machine

4 cl Midori Melon Liqueur • 2 cl Rose's Lime Juice
10 cl Schlumberger-Sekt Brut • Melone • 1 Minzezweig

In ein Longdrinkglas einige Eiswürfel geben, dazu Midori Melon Liqueur und Rose's Lime Juice gießen und gut verrühren. Mit Schlumberger-Sekt aufgießen und nochmals leicht umrühren. Mit Melonenstückchen am Spieß und einem Minzezweig garnieren. Zwei dicke Trinkhalme dazugeben.

INFO Der klare, grüne Midori Melon Liqueur wird von der für ihre Whiskys berühmten japanischen Firma Suntory in Mexico hergestellt. Im pazifischen Raum und in den Ländern Fernostasiens ist Midori längst eine feste Größe. Man trinkt ihn auf Eis, mit Fruchtsäften und Limonaden und verwendet ihn zum Mixen.

Comfort Manhattan

4 cl Southern Comfort • 2 cl Vermouth Dry
1 Spritzer Angostura • 1 Cocktailkirsche

Die Zutaten in ein mit Eis gefülltes Rührglas geben, gut vermischen, in ein gekühltes Cocktailglas abgießen. Eine Cocktailkirsche dazugeben.

INFO Dem Original Manhattan, der mit Canadian- oder US-Whisky und Vermouth Rosso gemixt wird, folgt diese Variante mit dem kräftigen und aromatischen Southern Comfort an Beliebtheit.

Die Manhattans und Martinis sind die beliebtesten Before-Dinner-Drinks in den USA.

Variante: Original Manhattan

4 cl Canadian Whisky • 2 cl Vermouth Rosso
2 Spritzer Angostura • 1 Cocktailkirsche

Die Zutaten in ein mit Eis gefülltes Rührglas geben, gut vermischen, in ein gekühltes Cocktailglas abgießen. Eine Cocktailkirsche dazugeben.

Florida Comfort

5 cl Southern Comfort • 2 cl Zitronensaft • 2 cl Grenadine
10 cl Orangensaft • Orange

Southern Comfort, Zitronensaft, Grenadine und Orangensaft im Shaker mit Eiswürfeln gut schütteln und in ein Longdrinkglas auf Eiswürfel abgießen. Mit einer Orangenscheibe garnieren.

Scarlett O'Hara

5 cl Southern Comfort • 3 cl Preiselbeernektar
2 cl Limettensaft

Vivian Leigh – die Scarlett aus dem Film »Gone with the Wind« – hatte ein Faible für diesen herben Drink.

Southern Comfort, Preiselbeernektar und Limettensaft im Shaker mit Eiswürfeln gut schütteln und in eine Cocktailschale abgießen.

Honolulu Juicer

4 cl Southern Comfort • 4 cl brauner Rum
2 cl Rose's Lime Juice • 2 cl Zitronensaft • 4 cl Ananassaft
Ananas • 1 Cocktailkirsche

Southern Comfort, braunen Rum, Rose's Lime Juice, Zitronensaft und Ananassaft mit Eiswürfeln in den Shaker geben, schütteln und in ein großes Becherglas auf Eiswürfel abgießen. Mit Ananasstück und Cocktailkirsche garnieren.

INFO Southern Comfort – The Grand Old Drink of the South – ist die älteste und größte Likörmarke der USA. Er zählt international und auch bei uns zu den erfolgreichsten Spirituosen der letzten Jahre. Southern Comfort wird seit Mitte des 19. Jahrhunderts im Süden der USA, heute in New Orleans hergestellt. Er ist ein trockener und alkoholreicher Likör (40 % vol), der mit Extrakten von Pfirsichen, Orangen und Kräutern aromatisiert wird. Southern Comfort trinkt man pur, »on the rocks« oder als schnell gemixten Longdrink mit Orangensaft oder Ginger Ale. Southern Comfort eignet sich ausgezeichnet zum Mixen.

B and B

2 cl Bénédictine • 2 cl Cognac

»B and B« steht als Kürzel für »Bénédictine und Brandy«. Diese hocharomatische Mischung ist einer der beliebtesten After-Dinner-Drinks in den USA.

Bénédictine und Cognac im Tumbler mit Eiswürfeln verrühren oder im Rührglas mit Eiswürfeln verrühren und in ein kleines Stielglas abgießen. B and B kann auch wahlweise im Cognacschwenker ungekühlt serviert werden.

INFO Unter den Mönchen des 958 gegründeten Benediktinerklosters Fécamp in der Normandie lebte im 16. Jahrhundert ein frommer Bruder namens Bernardo Vincelli. Er bereitete im Jahr 1510 ein Elixier zu, dessen Rezeptur einem heute weltbekannten Getränk zugrunde liegt: dem Liqueur Bénédictine D.O.M.

Im Jahr 1863 stieß Alexandre le Grand, ein Kaufmann in Fécamp, unter diversen Papieren in einer Erbschaft auf das verschollene Pergament mit den Formeln des Vincelli-Elixiers. Er experimentierte, bis es ihm gelang, die alte Rezeptur nachzuempfinden und zu einem Likör zu verfeinern, den er Bénédictine nannte. Bénédictine schmeckt am besten leicht gekühlt zum Kaffee und ist ein idealer Digestif. Seit 1938 wird B and B auch fertig gemischt angeboten.

Der Namenszusatz D.O.M. beim Bénédictine steht für »Deo Optimo Maximo« – dem Gott, dem Besten und Größten geweiht.

Marco Polo

2 cl Bénédictine • 2 cl Cognac • 6 cl Orangensaft • Orange

Bénédictine, Cognac und Saft im Shaker mit Eiswürfeln schütteln und in einen Tumbler auf Eiswürfel abgießen. 1/2 Orangenscheibe dazugeben.

Golden Dream

4 cl Galliano · 2 cl Cointreau · 2 cl Orangensaft
2 cl Sahne

Liquore Galliano, Cointreau, Orangensaft und Sahne mit Eiswürfeln in den Shaker geben, gut schütteln und in eine Cocktailschale abgießen.

Info Einer der Klassiker auf Basis von Galliano. Süß und aromatisch – ein perfekter Happy-Hour-Drink für Damen.

Seinen Namen erhielt der goldgelbe Likör von dem italienischen Kommandanten Giuseppe Galliano, der sich im Abessinienkrieg 1895/96 auszeichnete.

Yellow Bird

2 cl Galliano · 4 cl brauner Rum · 2 cl Crème de Banane
4 cl Orangensaft · 4 cl Ananassaft · Ananas
1 Cocktailkirsche

Galliano, Rum, Crème de Banane und die Säfte mit Eiswürfeln in den Shaker geben, schütteln, in ein großes Becherglas auf Eiswürfel abgießen. Mit Ananasstück und Cocktailkirsche garnieren.

Info Der italienische Liquore Galliano war in den USA längst eine feste Größe, als er bei uns Mitte der achtziger Jahre »entdeckt« wurde. Er wird seit 1896 in Solaro bei Mailand aus Extrakten 70 verschiedener Kräuter und Gewürze hergestellt und hat eine angenehme Vanillenote. Seine Anpassungsfähigkeit an andere Liköre, Spirituosen, Säfte und Sahne ist einer der Gründe seines Erfolgs. Er hat 35 % vol Alkoholgehalt und wird in überlangen Flaschen angeboten.

Cherry Banana

4 cl Cherry Liqueur • 2 cl Crème de Banane • 6 cl Sahne
Cocktailkirschen • Banane

Cherry Liqueur, Crème de Banane und Sahne im Shaker mit Eiswürfeln schütteln, in eine Cocktailschale abgießen. Mit einem Spieß aus Cocktailkirschen und Bananenscheiben garnieren.

Viele Cocktails verdanken den Kirschlikören ihre aromatische, feine Süße.

Pink Flamingo

3 cl Cherry Liqueur • 3 cl Gin • 4 cl Ananassaft
4 cl Orangensaft • 2 cl Cream of Coconut
Orange • Kiwi • 1 Cocktailkirsche

Cherry Liqueur, Gin, Ananas- und Orangensaft sowie Cream of Coconut im Elektromixer durchmixen und in ein Longdrinkglas auf Crushed Ice abgießen. Eine Orangenscheibe mit Kiwischeibe und einer Cocktailkirsche an den Glasrand stecken.

INFO Unter der Vielzahl der Liköre ist der Kirschlikör in Deutschland mit Abstand der Spitzenreiter. Unterschieden wird in den großen Herstellerländern (Dänemark, Italien, Frankreich, Niederlande und Deutschland) zwischen Kirschlikören, also Fruchtsaftlikören mit einem starken Kirschgeschmack, und dem Cherry Brandy, der auf 100 Liter Fertigerzeugnis mindestens fünf Liter Kirschwasser zu 40 % vol enthalten muss. Eine Färbung ist bei beiden Produkten verboten. Beide genießt man pur, leicht gekühlt oder »on the rocks« und verwendet sie vielfach zum Mixen.

Cassis Lady

3 cl Crème de Cassis • 1 1/2 cl Kirschwasser
1 1/2 cl Vermouth Dry • Orange

Cassis ist empfindlich gegen Licht und Sauerstoff. Er sollte keinem hellen Licht ausgesetzt sein, und geöffnete Flaschen sollten kühl aufbewahrt werden.

Crème de Cassis, Kirschwasser und Vermouth Dry im Rührglas mit Eiswürfeln gut verrühren und in ein vorgekühltes Cocktailglas abgießen. Mit einer Orangenschale abspritzen.

INFO Cassis ist der französische Name für die Schwarze Johannisbeere und eine Spezialität Burgunds. Er wird bevorzug für die französischen Spezialitäten Kir und Kir Royal verwendet und eignet sich auch ausgezeichnet zum Mixen.

Pink Colada

1 cl Crème de Cassis • 5 cl weißer Rum • 6 cl Orangensaft
6 cl Grapefruitsaft • 2 cl Cream of Coconut • 2 cl Sahne
Ananas • 1 Cocktailkirsche

Crème de Cassis, Rum, Orangen- und Grapefruitsaft, Cream of Coconut und Sahne in den Elektromixer geben, mixen, in ein Longdrinkglas auf Crushed Ice abgießen. Mit einem Ananasstück und einer Cocktailkirsche garnieren.

TIPP Vom Urrezept, dem Piña Colada, gibt es mittlerweile so viele Varianten, dass man beinahe von einer neuen Mixgetränkegruppe, den Coladas, sprechen kann. Die wichtigste Zutat ist die Cream of Coconut. Dazu kommen Spirituosen, Liköre und Fruchtsäfte.

Peach Daiquiri

3 cl Pfirsichlikör • 3 cl weißer Rum • 1/2 Pfirsich
2 cl Zitronensaft • 1 cl Zuckersirup

Daiquiri, der Klassiker aus Kuba, liebt die Verbindung mit Früchten. Strawberry, Banana und Pineapple sind die bekanntesten Varianten.

Pfirsichlikör, Rum, Pfirsichstücke, Zitronensaft und Zuckersirup im Elektromixer durchmixen, etwas Crushed Ice dazugeben und nochmals durchmixen. In eine Cocktailschale abgießen.

INFO Pêcher Mignon – Apéritif à la Pêche – wurde 1986 als erster der modernen Pfirsichliköre auf dem deutschen Markt eingeführt. Weiße Pfirsiche aus dem Roussillon sind die Basis. Zur Herstellung werden die Pfirsiche nach unterschiedlichen voneinander getrennten Verfahren verarbeitet und anschließend vereint. Pêcher Mignon, was auf Französisch auch die kleine Sünde bedeutet, hat einen Alkoholgehalt von 18 % vol. Man trinkt ihn mit Sekt oder Champagner zum Aperitif oder mixt mit Fruchtsäften leichte Longdrinks.

Sex on the Beach

3 cl Pfirsichlikör • 3 cl Wodka • 6 cl Preiselbeernektar
6 cl Ananassaft

Pfirsichlikör, Wodka, Preiselbeernektar und Ananassaft im Shaker mit Eiswürfeln gut schütteln und in ein Longdrinkglas auf Eiswürfel abgießen.

INFO Da nun endlich auch bei uns Preiselbeernektar angeboten wird, steht dem Mixen dieses En-Vogue-Drinks aus den USA nichts mehr im Weg.

Jungle Juice

4 cl Bols Grüne Banane • 1 cl Apricot Brandy • 2 cl Gin
1 cl Zitronensaft • 8 cl Orangensaft • Ananas • 1 Kirsche

Bols Grüne Banane, Apricot Brandy, Gin, Zitronen- und Orangensaft im Shaker mit Eiswürfeln gut schütteln und in ein großes Becherglas auf Eiswürfel abgießen. Mit einem Ananasstück und einer Cocktailkirsche garnieren.

INFO Bols Grüne Banane ist ein Bananenlikör, der aus einer auch im reifen Zustand grünen Bananensorte seit 1983 in Holland hergestellt wird und seitdem neue Farbe und neuen Geschmack in die Bars gebracht hat.

Die zunehmende Entwicklung neuer Fruchtliköre und Sirupsorten führt zu immer neuen Kreationen hinter den Theken.

Green Monkey

2 cl Bols Grüne Banane • 2 cl Curaçao Blue
4 cl Orangensaft • 4 cl Sahne • Pistazien

Bols Grüne Banane, Curaçao Blue, Orangensaft und Sahne im Shaker mit Eiswürfeln kräftig schütteln und in eine Cocktailschale abgießen. Pistazien raspeln und über den Drink streuen.

INFO Curaçao ist ein Likör, bei dessen Herstellung ein Destillat aus den Schalen der pomeranzenartigen Curaçaofrüchte verwendet wird. Ursprünglich kamen diese von der karibischen Insel Curaçao, die bis heute zu den Niederlanden gehört. Neben dem wasserhellen Curaçao Triple Sec (dreifach trocken und mit hohem Alkoholgehalt) ist der Curaçao Blue die beliebteste Sorte.

Banana Boot

3 cl Crème de Banane • 3 cl Gin • 12 cl Orangensaft
einige Tropfen Grenadine • Orange • 1 Cocktailkirsche

Crème de Banane, Gin und Orangensaft im Shaker mit Eiswürfeln schütteln und in ein großes Becherglas auf Eiswürfel abgießen. Einige Tropfen Grenadine darauf träufeln. Mit Orangenscheibe und einer Cocktailkirsche garnieren.

Evergreen

Der Evergreen ist ein klassischer Medium Drink für die Cocktailhour.

3 cl Crème de Banane • 1 cl Curaçao Blue • 1 cl Gin
5 cl Grapefruitsaft

Crème de Banane, Curaçao Blue, Gin und Grapefruitsaft im Shaker mit Eiswürfeln gut schütteln und in einen Tumbler auf Eiswürfel abgießen.

INFO Für den gelben Bananenlikör werden die kleinen, meist unscheinbaren afrikanischen Bananen verwendet. Die bei uns erhältlichen schönen Speisebananen aus Mittelamerika sind zur Herstellung von Bananenlikör nicht geeignet. Die Welle der Tropicaldrinks führte zur Renaissance der Bananenliköre. Besonders beliebt sind dabei die fruchtigen Longdrinks in verbindung mit Säften und Spirituosen. Alte Destillationshandbücher weisen auf die schwierige Verarbeitung der Banane hin. Beim Pressen von Bananen erhält man keinen Saft, sondern nur Brei. Dieser wird mit Alkohol versetzt, das Mazerat abgepresst, und die Pressrückstände werden zur Wiedergewinnung des Alkohols destilliert.

Grasshopper

3 cl Crème de Menthe, grün • 3 cl Crème de Cacao, weiß
3 cl Sahne

Crème de Menthe, Crème de Cacao und Sahne im Shaker mit Eiswürfeln gut schütteln und in eine Cocktailschale oder in ein Sourglas abgießen.

INFO Wenn man Pfefferminz und Süßes liebt, dann ist dieser – nach dem Brandy Alexander berühmteste – Sahnedrink die richtige Wahl. Seine Fans sind weiblich, und seine Zeit ist der frühe Abend.

Menthe Frappé

Ein einfacher, erfrischender Nachmittags- oder After-Dinner-Drink.

5 cl Crème de Menthe, grün

Einen Tumbler mit gestoßenem Eis füllen, den Crème de Menthe dazugießen und mit einem kurzen, dicken Trinkhalm servieren.

INFO Pfefferminzlikör besitzt einen starken, kühlenden und erfrischenden Pfefferminzgeschmack. Er wird aus Pfefferminzöl, reinem Alkohol, Zucker und Wasser hergestellt. Das Öl gewinnt man durch Wasserdampfdestillation aus den Blättern bestimmter Pfefferminzpflanzen. Pfefferminzlikör wird zum Großteil grün gefärbt angeboten. Ob man weißen oder grünen Likör verwendet, spielt geschmacklich keine Rolle. Die als Crème de Menthe angebotenen Liköre weisen einen höheren Zuckergehalt auf. Pfefferminzlikör trinkt man gewöhnlich pur, auf Eiswürfeln oder gestoßenem Eis.

Red Lion

2 cl Grand Marnier • 3 cl Gin • 1 cl Zitronensaft
4 cl Orangensaft • einige Tropfen Grenadine

Der Red Lion wurde am Anfang des Jahrhunderts in London für eine Ginfirma, deren Wappen drei rote Löwen trug, kreiert. Er ist heute einer der berühmtesten Grand-Marnier-Drinks. Um seinem Namen gerecht zu werden, wird er neuerdings mit etwas Grenadine gemixt.

Grand Marnier, Gin, Zitronen- und Orangensaft sowie Grenadine im Shaker mit Eiswürfeln gut schütteln und in eine Cocktailschale abgießen.

Rêve Tropical

4 cl Grand Marnier • 4 cl Orangensaft • 4 cl Ananassaft
einige Spritzer Zitronensaft • Ananas • 1 Cocktailkirsche

Grand Marnier, Orangen- und Ananassaft sowie Zitrone im Shaker mit Eiswürfeln gut schütteln und in ein Longdrinkglas auf Crushed Ice abgießen. Mit Ananas und Cocktailkirsche garnieren.

INFO Die Geschichte des Gand Marnier beginnt im Jahre 1827. In dem Städtchen Neauphle-le-Chateau bei Paris, in der dort ansässigen Destillerie Lapostolle, beschäftigte man sich mit der Herstellung von Likören. Eugène, der Sohn des Firmengründers, zog sich wegen des Kriegs von 1870 nach Cognac zurück und begann mit Cognac zu handeln. Nach dem Krieg kamen die Liköre in Mode. Dem Trend folgend, versuchte Louis Alexandre Marnier-Lapostolle, der Schwiegersohn von Eugène, einen außergewöhnlichen Likör zu kreieren. Er experimentierte mit Cognac und den Extrakten karibischer Bitterorangen und hatte schließlich seinen Likör gefunden. Der Grand Marnier war geboren und wurde erfolgreich wie kaum ein Likör dieser Zeit.

Mer du Sud

4 cl Cointreau • 1 cl Curaçao Blue • 4 cl Ananassaft
kaltes Ginger Ale • Ananas • 1 Cocktailkirsche

Cointreau lässt sich hervorragend mit Tonic Water oder Bitter Lemon zu einem frischen, aromatischen Longdrink mischen.

Cointreau, Curaçao Blue und Ananassaft in ein Longdrinkglas mit Eiswürfeln geben, gut verrühren und mit Ginger Ale auffüllen. Mit Ananasstück und Cocktailkirsche garnieren.

Fire on Ice

3 cl Cointreau • 2 cl brauner Rum • 2 cl Zitronensaft
8 cl Orangensaft • 1 cl Grenadine • Karambole • Minze

Cointreau, Rum, Zitronensaft, Orangensaft und Grenadine im Shaker mit Eiswürfeln schütteln und in einen Tumbler auf Eiswürfel abgießen. Mit Karambolestern und Minzezweig garnieren.

INFO Der Cointreau kommt aus Angers an der Loire. Von dort trat der berühmte Likör seinen Siegeszug um die ganze Welt an. In der 1849 gegründeten Destillerie schuf Edouard Cointreau um 1875 den kristallklaren Cointreau. Er ist ein 40-prozentiger herbsüßer Likör aus den Schalen bitterer Orangen, die auf den Antillen, in Brasilien und Spanien wachsen. Diese werden bis heute nach dem alten Rezept und den neuesten Erkenntnissen der Destillation verarbeitet. Cointreau ist als klarer Orangenlikör die international bekannteste Marke und Bestandteil vieler weltbekannter Mixrezepte. An der Bar ist Cointreau unentbehrlich. Pur trinkt man Cointreau leicht gekühlt zum Kaffee oder als Digestif.

Tropical Red

4 cl Bols Kontiki Red Orange · 2 cl Gin · 6 cl Orangensaft
6 cl Grapefruitsaft · Orange · 1 Cocktailkirsche

Ein aromatischer, fruchtiger Drink für die Party am Sommerabend.

Bols Kontiki Red Orange, Gin, Orangen- und Grapefruitsaft im Shaker mit Eiswürfeln schütteln, in ein Longdrinkglas auf Eiswürfel abgießen. Mit Orange und einer Cocktailkirsche garnieren.

Fireball

3 cl Bols Kontiki Red Orange · 2 cl Wodka
kaltes Tonic Water · Orange

Bols Kontiki Red Orange und Wodka in ein großes Becherglas auf Eiswürfel geben, mit Tonic Water auffüllen. Eine Orangenscheibe dazugeben.

INFO Im Jahre 1575 eröffnete Lucas Bols einen kleinen Brennbetrieb am Stadtrand von Amsterdam. In einem kleinen Holzschuppen begann die Geschichte eines der größten Spirituosenunternehmen der heutigen Zeit. Fast 400 Jahre blieb die Likörfabrik von Bols an dieser Stelle, und erst 1969 mussten Teile der Produktion nach Nieuw Vennep bei Amsterdam verlegt werden. Zu dieser Zeit wurde bereits weltweit von Tochtergesellschaften produziert, und Bols war längst als Hersteller eines qualitativ hochwertigen Likörsortiments bekannt.
Die umfangreiche Likörpalette wurde 1987 mit Kontiki Red Orange erweitert. Kontiki Red Orange schmeckt fruchtig nach Orangen, ist aber nicht zu süß und mit 24 % vol nicht zu alkoholstark.

Amaretto Sour

5 cl Amaretto • 3 cl Zitronensaft • 2 cl Orangensaft
Orange • 1 Cocktailkirsche

Der Amaretto Sour ist ein idealer Drink für zwischendurch und zur Happy Hour.

Amaretto, Zitronen- und Orangensaft im Shaker mit Eiswürfeln gut schütteln und anschließend in ein Sourglas abgießen. Mit 1/2 Orangenscheibe und einer Cocktailkirsche garnieren.

TIPP Genießen Sie Amaretto leicht erwärmt mit einer Sahnehaube. Dazu geben Sie erwärmten (aber nicht zu heißen) Amaretto in eine flache Likörschale und gießen vorsichtig leicht geschlagene Sahne darüber. Ein Genuss zum Kaffee und Digestif.

Yellow Almond

2 cl Amaretto • 4 cl Wodka • 6 cl Orangensaft
6 cl Ananassaft • Ananas • 1 Cocktailkirsche

Amaretto, Wodka, Orangen- und Ananassaft im Shaker mit Eiswürfeln gut schütteln und in ein Longdrinkglas auf Eiswürfel abgießen. Mit Ananas und einer Cocktailkirsche garnieren.

INFO Amaretto ist ein italienischer Mandellikör. Der weltweit bekannteste ist der Amaretto di Saronno Originale. Ihm verleihen zusätzliche Aromastoffe wie Aprikosenkernöl und Bourbon-Vanille seine bittere, dezente Süße. Noch heute wird Amaretto di Saronno Originale nach dem Originalrezept von der lombardischen Familie Reina hergestellt.

Brasil Tropical

6 cl Batida de Coco • 2 cl Erdbeersirup
10 cl Grapefruitsaft • 1 Erdbeere

Tropisches Flair verbreitet dieser schnell gemixte Kokosdrink.

Batida de Coco, Erdbeersirup und Grapefruitsaft in ein Longdrinkglas mit Eiswürfeln geben und gut verrühren. Eine Erdbeere an den Glasrand stecken.

Night in Blue

4 cl Batida de Coco • 2 cl Curaçao Blue • 12 cl Ananassaft
Ananas • 1 Cocktailkirsche

Die Zutaten in ein Longdrinkglas mit Eiswürfeln geben und verrühren. Ein Ananasstück mit einer Cocktailkirsche an den Glasrand stecken.

INFO Batida de Coco war 1978 der erste Kokoslikör auf dem deutschen Markt. Durch seine Anpassungsfähigkeit an Fruchtsäfte ist er eine ideale Longdrinkbasis.

Variante: Batida Sunrise

4 cl Batida de Coco • 12 cl Ananassaft • 2 cl Kirschlikör
Orange

Ein Longdrinkglas zur Hälfte mit Crushed Ice füllen. Batida de Coco und den Ananassaft dazugießen und gut verrühren. Den Kirschlikör langsam darauf gießen und nicht mehr rühren. Eine Orangenscheibe an den Glasrand stecken.

Kilimanjaro

4 cl Amarula Wild Fruit Cream · 2 cl Wodka · 2 cl Curaçao Triple Sec · 12 cl Orangensaft · Orange · 1 Cocktailkirsche

Amarula Wild Fruit Cream, Wodka, Curaçao Triple Sec und Orangensaft im Shaker mit Eiswürfeln schütteln und in ein Longdrinkglas auf Eiswürfel abgießen. Mit einer Orangenscheibe und einer Cocktailkirsche garnieren.

Besonders Elefanten fressen mit Vorliebe die Marulafrüchte. Deshalb wird der Marulabaum auch Elefantenbaum genannt.

Marula Paradise

4 cl Amarula Wild Fruit Cream · 2 cl weißer Rum 2 cl Curaçao Triple Sec · 2 cl Grenadine · 1 Kapstachelbeere

Amarula Wild Fruit Cream, weißen Rum, Curaçao Triple Sec und Grenadine im Shaker mit Eiswürfeln schütteln und in einen Sektkelch abgießen. Kapstachelbeere an den Glasrand stecken.

INFO Die seit 1979 angebotenen Creamliköre haben sich als die erfolgreichste Einführung aller Likörsorten erwiesen. Die ersten Marken hatten irischen Whiskey als alkoholische Basis. Ihnen folgten viele Geschmacksrichtungen und vor einigen Jahren der in Südafrika hergestellte Amarula Wild Fruit Cream. Für diesen wird aus der Marulafrucht ein Destillat gewonnen, das drei Jahre in Eichenfässern reift. Anschließend wird der Marulabrand mit frischer Sahne zu Amarula verarbeitet. Amarula trinkt man leicht gekühlt oder »on the rocks«. Versuchen Sie Amarula auch mit heißem Kaffee und Schlagsahne.

White Russian

2 (oder 3) cl Kahlúa oder Tía Maria • 4 (oder 3) cl Wodka
leicht geschlagene Sahne

Kahlúa oder Tía Maria und Wodka im Rührglas mit Eiswürfeln gut verrühren und in ein kleines Stielglas abgießen. Sahne als Haube darauf setzen.

Unter den Kaffeelikören sind der mexikanische Kahlúa und der jamaikanische Tía Maria die berühmtesten Marken. Beide trinkt man pur und verwendet sie zum Mixen.

Tía Tropical

2 cl Tía Maria • 2 cl weißer Tequila • 2 cl Erdbeersirup
1 cl Zitronensaft • 6 cl Orangensaft • 6 cl Maracujanektar
1 Erdbeere

Tía Maria, Tequila, Sirup, Zitronen-, Orangensaft und Maracujanektar im Shaker mit Eiswürfeln schütteln, in ein Longdrinkglas auf Eiswürfel abgießen. Erdbeere an den Glasrand stecken.

INFO Die Heimat des Kaffees ist Äthiopien im Nordosten Afrikas. Durch die Suche nach neuen Anbauflächen mit günstigen klimatischen Bedingungen gelangte der Kaffee nach Mittel- und Südamerika. Dort wird heute im großen Umfang Kaffee angebaut, und auch der Ursprung der Kaffeeliköre ist dort zu finden. Kaffeelikör wird hergestellt, indem frisch gerösteter und gemahlener Kaffee perkoliert, d. h. ständig mit Alkohol (aus Zuckerrohr) übergossen wird. Dabei werden die Extrakt-, Aroma- und Farbstoffe frei. Dazu kommen Muskat, Zimt oder Vanille und Zucker. Kaffeeliköre unterscheiden sich je nach den Rezepturen der einzelnen Hersteller erheblich voneinander.

Bull Royal

1/2 Dose oder Flasche Red Bull · 10 cl weißer Sekt · Zitrone

Red Bull in ein Longdrinkglas über einige Eiswürfel geben. Mit Sekt aufgießen. Leicht umrühren und eine Scheibe Zitrone dazugeben.

INFO Die Topmarke Red Bull ist ein taurin- und koffeinhaltiges Erfrischungsgetränk, das die Konzentrationsfähigkeit verbessert und dem Körper rasch nutzbare Energie zuführt. Red Bull enthält pro 250 Milliliter 80 Milligramm Koffein. Das entspricht etwa dem Gehalt einer Tasse Bohnenkaffee und ist in seiner Wirkung auf Nervensystem und Kreislauf unbedenklich.

Aus den seit Ende der achtziger Jahre angebotenen Energydrinks entwickelten sich die Disco- und Partydrinks der Jugend der neunziger Jahre. Red Bull trinkt man gekühlt zu jeder Gelegenheit.

Russian Bull

1–2 Limettenviertel · 4–6 cl Wodka Gorbatschow
1 Dose oder Flasche Red Bull

Eiswürfel in ein großes Glas oder einen Metallkrug geben. Die Limettenviertel über dem Eis auspressen und in das Glas geben. Den Wodka dazugießen und mit Red Bull auffüllen.

Variante: KGBull

4 cl Wodka Gorbatschow · 1 Dose oder Flasche Red Bull

Den Wodka in ein Longdrinkglas mit Eiswürfeln geben, mit Red Bull auffüllen, leicht umrühren.

Rusty Nail

2 cl Drambuie • 4 cl Scotch Whisky

Drambuie und Scotch im Rührglas mit Eiswürfeln gut verrühren und in ein vorgekühltes Cocktailglas abgießen. Sie können Drambuie und Whisky auch zu gleichen Teilen mischen.

INFO Der »rostige Nagel« ist der berühmteste Drink, der mit Drambuie, dem bekanntesten schottischen Likör, gemixt wird. Rusty Nail wird in den USA gerne nach dem Dinner pur oder »on the rocks« getrunken.

Die ältesten Whiskylikörmarken stammen aus Irland und Schottland – den Ursprungsländern des Whiskys.

Corcovado

2 cl Drambuie • 2 cl Curaçao Blue • 2 cl weißer Tequila
kaltes Sprite • Orange • Zitrone

Drambuie, Curaçao Blue und weißen Tequila in ein großes Becherglas auf Eiswürfel geben und verrühren. Mit Sprite auffüllen. Je eine Orangen- und Zitronenscheibe an den Glasrand stecken.

INFO Drambuie ist ein Produkt aus dem Edinburgher Haus MacBeth & Son. Er ist ein legendenumrankter, angeblich von Prinz Charles Edward III. Stuart um 1745 erfundener Likör auf der Basis von altem schottischem Whisky, Honig und einem Auszug aus Kräutern des schottischen Hochlands. Seit 1916 ist er in die Liste der Getränke des House of Lords aufgenommen. Sein Name ist keltischen Ursprungs und wird abgeleitet von »An dram buidheach« – ein Trank, der zufrieden macht.

Pisco Sour

5 cl Pisco • 3 cl Zitronensaft • 2 cl Zuckersirup • Orange
1 Cocktailkirsche

Pisco, Zitronensaft und Zuckersirup mit Eiswürfeln im Shaker schütteln und in ein mittelgroßes Stielglas abgießen. Mit einer Orangenscheibe und einer Cocktailkirsche am Spieß garnieren.

Nach dem mexikanischen Tequila und dem brasilianischen Cachaça ist der Pisco die letzte klare Spirituose, die noch auf ihre »Entdeckung« wartet.

Pisco Tonto

4 halbe Orangenscheiben • 1 Limette
2 Barlöffel brauner Zucker • 6 cl Pisco

Im großen Tumbler die Orangenscheiben und die geviertelte Limette mit einem Holzstößel ausdrücken. Braunen Zucker und Pisco dazugeben, mit dem Barlöffel umrühren. Dann Crushed Ice dazugeben und nochmals umrühren.

INFO Die Heimat des Pisco ist die südlich von Perus Hauptstadt gelegene Hafenstadt gleichen Namens. Die peruanischen Piscos spielen jedoch international keine Rolle. Im Nachbarstaat Chile sitzen heute die großen Produzenten der nach Cachaça und Rum drittgrößten Spirituose Südamerikas und heutigen Nationalspirituose Chiles. In Chile ist Pisco ein Destillat aus Muskatellertrauben. Dieses reift nur rund sechs Monate im Holzfass, um als frischer klarer Brand die Frucht voll zur Geltung kommen zu lassen. Der klassische Piscodrink Pisco Sour ist seit langem der Hit in der kalifornischen Szene.

Cuba Libre

4–6 cl weißer Rum • kaltes Cola • 1 Limettenachtel

Weißen Rum und Cola in ein Longdrinkglas auf Eiswürfel geben. Ein Limettenachtel dazugeben.

INFO Der Rum, eine der wichtigsten Barspirituosen, wird hauptsächlich auf den karibischen Inseln hergestellt. Bei der Gewinnung von Zucker aus Zuckerrohr entsteht als Nebenprodukt die braune, zähflüssige Melasse. Sie bildet die Grundlage für den Rum. Nach Deutschland wird hauptsächlich Rum von den beiden berühmtesten Ruminseln, Jamaika und Kuba, eingeführt. Während Jamaika mehr für braunen Rum bekannt ist, kommt von Kuba exzellenter weißer Rum. Auf Kuba war auch bis 1960 die Firma Bacardi ansässig. Nach der Verstaatlichung durch Fidel Castro begann Bacardi an vielen Orten der Karibik zu produzieren. Und – kein Schaden ohne Nutzen – heute ist Bacardi die weltweit größte Spirituosenmarke.

Soll der Planter's Punch stärker oder leichter schmecken, dann ändern Sie das Verhältnis zwischen braunem und weißem Rum.

Planter's Punch

3 cl weißer Rum • 3 cl brauner Rum • 5 cl Orangensaft
5 cl Ananassaft • 1 cl Zitronensaft • 1 cl Grenadine
Ananas • 1 Cocktailkirsche

Weißen und braunen Rum, Orangen-, Ananas- und Zitronensaft sowie die Grenadine im Shaker mit Eiswürfeln schütteln und in ein Longdrinkglas auf Eiswürfel abgießen. Ananasstück mit Cocktailkirsche an den Glasrand stecken.

Piña Colada

6 cl weißer Rum • 10 cl Ananassaft • 2 cl Sahne
2–4 cl Cream of Coconut • Ananas • 1 Cocktailkirsche

Rum, Ananassaft, Sahne und Cream of Coconut im Mixer mit etwas Crushed Ice mixen. In ein Longdrinkglas auf Crushed Ice abgießen. Ein Ananas- stück mit Cocktailkirsche an den Glasrand stecken. Für die alkoholfreie Version lassen Sie den Rum beiseite und verwenden mehr Ananassaft.

INFO Piña Colada ist der berühmteste Drink der Karibik. Dank der 1948 erstmals hergestellten Cream of Coconut entwickelte er sich international zum Renner unter den Kokosnussdrinks. Seit 1974 gibt es sie auch in Deutschland, und seitdem rangiert der Piña Colada auch bei uns auf Platz eins unter den Kokosdrinks.

Victor Bergeron, der Gründer der im polynesischen Stil eingerichteten Restaurantkette Trader Vic's, hat 1944 in Oakland/Kalifornien den Mai Tai kreiert.

Mai Tai

6 cl alter brauner Rum • 2 cl Cointreau oder
Curaçao Triple Sec • 2 cl Limettensaft • 1 cl Zuckersirup
1 cl Mandelsirup • 1 Limette • Ananas • 1 Cocktailkirsche
1 Minzezweig

Rum, Cointreau oder Curaçao Triple Sec mit Limettensaft, Zucker- und Mandelsirup im Shaker mit Eiswürfeln schütteln. Im Tumbler die geviertelte Limette mit dem Holzstößel ausdrücken und Crushed Ice dazugeben. Die Mischung dazugießen und umrühren. Mit Ananasstück, Cocktailkirsche und Minzezweig garnieren.

Daiquiri

*5 cl weißer Rum • 3 cl Limettensaft • 2 cl Zuckersirup
Limette*

Rum, Limettensaft und Zuckersirup im Shaker mit Eiswürfeln schütteln und in eine Cocktailschale abgießen. Eine Limettenscheibe dazugeben.

Der Daiquiri verdankt einen Großteil seiner Popularität dem Kubaliebhaber Ernest Hemingway, der ihn in seinen Büchern verewigt hat.

INFO Wie alle Rezepturen der klassischen, berühmten Drinks ist auch das Rezept des Daiquiri sehr einfach. Wichtig sind Verwendung von gutem Rum und das ausgewogene Verhältnis zwischen süß und sauer.

Variante: Frozen Daiquiri

*5 cl weißer Rum • 3 Spritzer Maraschino • 2 cl Zitronensaft
1 Barlöffel sehr feiner weißer Rohrzucker*

In den Elektromixer gestoßenes Eis und die Zutaten geben. Den Mixer 20 Sekunden laufen lassen. In eine Cocktailschale abgießen.

Caipirissima

*1–2 Limetten • 1–2 cl Rohrzuckersirup oder 1–2 Barlöffel
weißer oder brauner Rohrzucker • 6 cl Bacardi Limón*

Die Limetten vierteln, in einen großen Tumbler geben, mit dem Holzstößel ausdrücken. Zucker und Bacardi Limón zugeben und umrühren. Das Glas mit Crushed Ice füllen und nochmals umrühren.

Bahama Mama

2 cl brauner Rum • 1 cl brauner Rum 73 % vol
2 cl Malibu Coconut Liqueur • 1 cl Kahlúa Coffee Liqueur
12 cl Ananassaft • 2 cl Zitronensaft • Karambole
1 Cocktailkirsche

Beide Rumsorten, Malibu, Kahlúa, Ananas- und Zitronensaft im Shaker mit Eiswürfeln schütteln und in ein Longdrinkglas auf Eiswürfel abgießen. Mit Karambolescheibe und Kirsche garnieren.

Ob ein Rum braun wird oder weiß bleibt, hängt von der Lagerung des Destillats ab: Wird Rum in Eichenfässern gelagert, verfärbt er sich braun, lagert er in Stahltanks bleibt er klar.

Pusser's Painkiller

4 cl Pusser's Rum 48 % vol • 2 cl Kokossirup • 4 cl Ananassaft
• 2 cl Orangensaft • Orange • Zitrone • 1 Minzezweig

Pusser's Rum, Kokossirup, Ananassaft und Orangensaft in den Shaker mit Eiswürfeln geben, kräftig schütteln und in einen Tumbler auf Eiswürfel abgießen. Mit je 1/2 Orangen- und Zitronenscheibe und Minzezweig garnieren.

INFO Pusser's Rum nimmt eine Sonderstellung unter den internationalen Rummarken ein. Für ihn werden Rumsorten aus Barbados, Guyana, Trinidad und den British Virgin Islands gemischt. Seinen Namen hat der Pusser's Rum vom Purser, dem Zahlmeister auf den Schiffen der britischen Marine. Die Purser teilten an Bord der königlichen Schiffe über drei Jahrhunderte (genauer: von 1655 bis 1970) jedem Matrosen täglich die Ration von zwei Gill Rum, also 0,284 Liter, in zwei Portionen zu.

Margarita

4 cl weißer Tequila • 2 cl Curaçao Triple Sec
2 cl Zitronensaft • Salz

Einen Salzrand erhalten Sie, wenn Sie mit einem Zitronenviertel über den Rand eines Cocktailglases fahren und das Glas anschließend in eine mit Salz gefüllte Schale tupfen. Bei einem Zuckerrand befeuchten Sie den Glasrand mit einem Orangenviertel.

Tequila, Curaçao Triple Sec und Zitronensaft im Shaker mit Eiswürfeln schütteln und in eine Cocktailschale mit Salzrand abgießen.

INFO Wenn man der Geschichte glaubt, dann »erfand« in den zwanziger Jahren ein amerikanischer Hotelmanager diesen Drink für seine salzliebende Freundin und benannte ihn nach ihr. Heute ist er der bekannteste Tequiladrink – Pflicht für jeden Mexikotouristen.

Variante: Blue Margarita

4 cl weißer Tequila • 2 cl Curaçao Blue
2 cl Zitronensaft • Salz

Tequila, Curaçao Blue und Zitronensaft im Shaker mit Eiswürfeln schütteln und in eine Cocktailschale mit Salzrand abgießen.

Xuxu Margarita

4 cl weißer Tequila • 6 cl Xuxu Erdbeer-Limes • 1 cl Zitronensaft • 1 cl Zuckersirup • Zucker • 1 Erdbeere

Die Zutaten im Shaker mit Eiswürfeln schütteln und in eine Cocktailschale mit Zuckerrand abgießen. Eine Erdbeere an den Glasrand stecken.

Tequila Sunrise

5 cl weißer Tequila • 1 cl Zitronensaft • 12 cl Orangensaft
1 cl Grenadine • Orange

Weißen Tequila, Zitronen- und Orangensaft im Shaker mit Eiswürfeln schütteln. In ein Longdrinkglas auf Eiswürfel abgießen. Die Grenadine langsam darüber einlaufen lassen. Eine Orangenscheibe an den Glasrand stecken.

Traditionell trinkt man Tequila, indem man etwas Salz aufleckt, dann in einen Zitronenschnitz beißt und einen kräftigen Schluck Tequila nimmt.

INFO Sunrise, der Sonnenaufgang im Glas, entsteht dadurch, dass die Grenadine langsam im Glas absinkt und beim Aufrühren sich von Gelb in Rot wandelt.

El Diabolo

5 cl weißer Tequila • 2 cl Crème de Cassis
2 Limettenviertel • kaltes Ginger Ale

In ein Longdrinkglas Eiswürfel geben, die Limettenviertel darüber auspressen und ins Glas geben. Tequila und Cassis dazugießen, mit Ginger Ale auffüllen und umrühren.

INFO Der Tequila, Mexikos Nationalgetränk, ist eine interessante Basis für Longdrinks und Cocktails. Gewonnen wird Tequila aus einer einzigen unter den vielen Agavenarten, der Tequilana Weber. Das Hauptanbaugebiet für diese liegt im Bundesstaat Jalisco, rund um das Städtchen Tequila. Weißer Tequila wird frisch, kurz nach der Destillation abgefüllt. Gold-Tequila reift ein bis drei Jahre in Eichenholzfässern.

Big Apple

*3 cl Noilly Prat Vermouth • 2 cl Calvados Boulard Fine
2 cl Pêcher Mignon • 1 Babyapfel*

Vermouth, Calvados und Pfirsichlikör im Rührglas mit Eiswürfeln verrühren, in ein gekühltes Cocktailglas abgießen. Babyapfel an den Glasrand stecken.

Big Apple ist ein hervorragender Before-Dinner-Drink, der auch in größeren Mengen schnell zubereitet ist.

INFO Nicht New York stand Pate für diesen Drink, sondern das feine Apfelaroma des Calvados.

Vermouth Cassis

*5 cl Vermouth Dry • 2 cl Crème de Cassis
kaltes Sodawasser • Zitrone*

In ein großes Becherglas Vermouth und Crème de Cassis mit Eiswürfeln geben. Umrühren und mit kaltem Sodawasser auffüllen. Mit einer Zitronenschale abspritzen und diese dazugeben.

INFO Unter den Weinaperitifs ist der Vermouth der bekannteste. Die älteste Produktionsstätte dürfte südlich von Turin zu finden sein. Hier wurden schon im 16. Jahrhundert aromatisierte Weine hergestellt, und bis heute ist die Region das Zentrum des italienischen Vermouths. Die bekanntesten Namen lauten Martini, Cinzano und Carpano. Es werden die Sorten Rosso, Bianco, Rose und Dry produziert. Während Italien für den Rosso berühmt ist, gilt der französische trockene Vermouth als das Nonplusultra. Hier steht der Name »Noilly Prat« für eine ausgezeichnete Qualität.

Scottish Surprise

6 cl Blended Scotch • 6 cl Maracujanektar • 1 cl Zitronensaft
1 cl Grenadine • 1 Spritzer Angostura • Zitrone • 1 Kirsche

Scottish Surprise ist ein überraschend milder und fruchtiger Scotchdrink, der sich bestens zur Happyhour eignet.

Die Zutaten mit Eiswürfeln in den Shaker geben, schütteln und in einen Tumbler auf Eiswürfel abgießen. Zitronenscheibe und Kirsche dazugeben.

INFO Seit rund 500 Jahren wird in Schottland Whisky gebrannt. Angeblich brachten Mönche aus Irland die Kunst des Brennens ins Land. Um die Mitte des 18. Jahrhunderts arbeiteten 400 illegale (Steuerunwillige) Brennereien im Hochland und auf den einsamen Inseln vor der Küste Schottlands. Mit der Legalisierung ab dem Jahr 1823 begann der Aufstieg zur weltbekannten Spirituose. Als man ab 1860 begann, den Urwhisky, den Malt, mit dem nach neuen Methoden hergestellten Grainwhisky zu mischen, begann der Siegeszug des Blended Whisky. Der Blended war leichter als der Malt, und bis heute werden 98 Prozent des Gesamtabsatzes mit ihm erzielt. Scotch Whisky reift im Eichenholzfass und ist mindestens drei Jahre alt.

Rob Roy

4 cl Blended Scotch • 2 cl Vermouth Rosso
2 Spritzer Angostura • 1 Cocktailkirsche

Rob Roy ist die Scotchvariante des Before-Dinner-Drinks Manhattan.

Scotch und Vermouth Rosso auf Eiswürfel in ein Rührglas geben. Zwei Spritzer Angostura dazu, gut vermischen und in ein vorgekühltes Cocktailglas abgießen. Mit einer Kirsche garnieren.

Irish Coffee

4 cl Irish Whiskey • 1 Teelöffel brauner Zucker
1 Tasse heißer Kaffee • leicht geschlagene Sahne

Ein Stielglas mit heißem Wasser erwärmen. Whiskey, Zucker und Kaffee in das Glas geben und verrühren. Die Sahne als Haube darauf setzen.

INFO Der Irish Coffee erlebte auf dem Flughafen des irischen Städtchens Shannon seine Geburtsstunde. Er wurde den Passagieren der Atlantikflieger während der damals noch nötigen Zwischenlandungen serviert. Dies trug wesentlich zu seiner Berühmtheit bei: Bis heute ist der Irish Coffee unter allen Coffeedrinks mit Alkohol der bei weitem beliebteste.

Zur besseren Abgrenzung begannen die Schotten ab der Jahrhundertwende ihren Whisky ohne »e« zu schreiben.

Irish Lady

4 cl Irish Whiskey • 2 cl Apricot Brandy • 2 cl Zitronensaft
1 cl Erdbeersirup • kaltes Tonic Water • 1 Erdbeere

Irish Whiskey, Apricot Brandy, Zitronensaft und Erdbeersirup in den Shaker mit Eiswürfeln geben, schütteln und in ein Longdrinkglas auf Eiswürfel abgießen. Mit kaltem Tonic Water auffüllen. Mit einer Erdbeere am Glasrand garnieren.

INFO Beim Irish Whiskey ist die Fasslagerung von hoher Bedeutung: Er wird in gebrauchten Sherry- oder Bourbonfässern gelagert. Es ist eine Lagerzeit von mindestens drei Jahren vorgeschrieben. Eine längere Lagerzeit ist jedoch üblich.

Whisky Sour

5 cl Bourbon oder Tennessee Whiskey • 3 cl Zitronensaft
2 cl Zuckersirup • Orange • 1 Cocktailkirsche

**Amerikani-
scher Whiskey
ohne Altersan-
gabe ist min-
destens vier
Jahre alt.**

Whiskey, Zitronensaft und Sirup im Shaker mit Eiswürfeln gut schütteln und in ein Sourglas ab-gießen. Einen Spieß mit einer Orangenscheibe und einer Cocktailkirsche über den Glasrand legen.

INFO Einer der berühmtesten Drinks ist diese geglückte Synthese aus Whiskey, Zitronensaft und Zucker. Das Rezept wird heute mit vielen Spirituosen nachgemixt, doch das Original bleibt nach wie vor die Nummer eins.

Old Fashioned

1 Stück Würfelzucker • 2 Spritzer Angostura
5 cl Bourbon oder Tennessee Whiskey • Orange • Zitrone
Cocktailkirschen

Den Würfelzucker im Tumbler mit Angostura tränken. Klares Wasser dazugeben. Alles gut ver-mischen und das Glas mit Eiswürfeln auffüllen. Den Whiskey dazugießen und gut umrühren. 1/2 Orangenscheibe und eine Zitronenscheibe sowie Cocktailkirschen dazugeben.

INFO Der bekannteste amerikanische Whiskey ist der Bourbon. Tennessee Whiskey ist eine eigene Whiskey-sorte mit den gleichen Grundlagen wie der Bourbon. Er wird aber zusätzlich durch eine meterhohe Ahornholz-kohlenschicht gefiltert.

Bloody Mary

Pfeffer • Selleriesalz • 2 Spritzer Tabasco • 3 Spritzer
Worcestersauce • 1 cl Zitronensaft • 5 cl Wodka
12 cl Tomatensaft • Zitrone

Bei der Bloody Mary sollte man sich unbedingt an die beschriebene Zubereitung halten und mit den Gewürzen beginnen.

In ein großes Becherglas Eiswürfel, Pfeffer, Selleriesalz, Tabasco und Worcestersauce geben, dann Zitronensaft und Wodka hinzufügen. Mit Tomatensaft aufgießen und umrühren. Eine Zitronenscheibe an den Glasrand stecken.

INFO Weltweit gerühmt, liegt die Bloody Mary als Katerkiller tatsächlich außerhalb jeder Konkurrenz. Die Kunst bei ihrer Zubereitung liegt nicht im Ersäufen mit Wodka oder in einer gepfefferten Schärfe, sondern in der Ausgewogenheit zwischen Schärfe, Alkohol und der leichten Säure des Tomatensafts. Die bekanntesten Varianten zur Bloody Mary sind Bloody Bull und Bull Shot. Beim Bloody Bull nimmt man je zur Hälfte Tomatensaft und Consommé, beim Bull Shot nur Consommé. Beide würzt man etwas milder, um den Geschmack der Consommé nicht zu übertönen.

Moscow Mule

1–2 Limetten • 6 cl Wodka • 20 cl kaltes Ginger Ale
(im Original Ginger Beer)

Einen Kupferkrug oder ein großes Longdrinkglas mit Eiswürfeln füllen. Geviertelte Limettenstücke darüber auspressen und dazugeben. Den Wodka dazugießen und mit Ginger Ale auffüllen.

Screw Driver

5 cl Wodka · 12 cl Orangensaft · Orange

Wodka und Orangensaft in ein Longdrinkglas auf Eiswürfel geben und verrühren. 1/2 Orangenscheibe und einen Stirrer dazugeben.

Der »Schraubenzieher« ist unter den klassischen Drinks der am einfachsten herzustellende. Seit den sechziger Jahren, dem Beginn des Wodkazeitalters in den USA, ist der Screw Driver eine feste Größe unter den Mixgetränken.

Variante: Harvey Wallbanger

4 cl Wodka · 12 cl Orangensaft · Orange · 1 cl Galliano

Wodka und Orangensaft in ein Longdrinkglas auf Eiswürfel geben und verrühren. 1/2 Orangenscheibe und einen Stirrer dazugeben. Den Galliano darauf gießen und nicht mehr rühren.

Swimming Pool

4 cl Wodka · 2 cl Curaçao Blue · 2 cl Sahne · 10 cl Ananassaft
2 cl Cream of Coconut · Ananas · 1 Cocktailkirsche

Wodka, Curaçao Blue, Sahne, Ananassaft und Cream of Coconut im Elektromixer mit Crushed Ice mixen. In ein Longdrinkglas auf Crushed Ice abgießen. Mit Ananas und Kirsche garnieren.

INFO Der Swimming Pool ist eine moderne Variante des Piña Colada. Die Basis aus Ananassaft und Cream of Coconut bleibt bestehen, der Rum wird durch Wodka ersetzt, und der Curaçao Blue sorgt für Farbe und zusätzlichen Geschmack.

Caipirovka

1–2 Limetten • 6 cl Wodka Gorbatschow
1–2 cl Rohrzuckersirup oder weißer bzw. brauner Rohrzucker

Jeder erfolgreiche Drink findet Nachahmer. Doch nie kam eine Variante so nah an das Original wie der Caipirovka an den Caipirinha. Ein herrlicher Sommer- und Partydrink für den frühen Abend zur Cocktail- und Happyhour.

Im Tumbler Limettenviertel mit einem Holzstößel ausdrücken. Wodka und Zucker dazugeben und umrühren. Das Glas mit Crushed Ice füllen und nochmals umrühren. Trinkhalme dazugeben.

Cool Bull

4 cl Wodka Gorbatschow • 10 cl Red Bull • 10 cl Bitter Lemon Zitrone

Wodka in ein Longdrinkglas auf Eiswürfel geben. Mit Red Bull und Bitter Lemon auffüllen. 1/2 Zitronenscheibe dazugeben.

INFO Das russische Nationalgetränk Wodka (deutsch = Wässerchen) hat seine Wurzeln in Polen. Den genauen Zeitpunkt der ersten Destillation kennt man nicht. Doch bereits im 17. Jahrhundert florierten die Brennereien. Früher wurde Wodka außerhalb von Polen und Russland kaum getrunken. Nach dem Ersten Weltkrieg begannen russische Emigranten mit einer damals noch kleinen Wodkaproduktion außerhalb ihrer Heimat. Das Wodkazeitalter begann für die westliche Welt erst in den letzten 30 Jahren. Wodka ist in aller Regel ein Getreidedestillat, das durch oft vielfache Filtrierung äußerst sauber ist. Wodka wird außer in Polen und Russland in großem Umfang in den USA, Finnland, Schweden, England, Kanada und Deutschland produziert.

Welcher Drink hat welche Basis?

Amaretto: Amaretto Sour, Yellow Almond (Seite 86)

Amarula Fruit Cream: Kilimanjaro, Marula Paradise (Seite 90)

Batida de Coco: Brasil Tropical, Night in Blue, Batida Sunrise (Seite 88)

Bénédictine: B and B, Marco Polo (Seite 64)

Bols Grüne Banane: Jungle Juice, Green Monkey (Seite 74)

Cachaça: Caipirinha, Batida de Mel (Seite 28)

Calvados: Jack Rose, Sir Henry (Seite 30)

Campari: Americano, Campari Orange (Seite 26)

Champagner: Bellini, Pomme d'Amour (Seite 32); Kir Royal, Kir Framboise, Ritz (Seite 34)

Cherry Liqueur: Cherry Banana, Pink Flamingo (Seite 68)

Cognac: Side Car, Rémy Cup, Between the Sheets (Seite 36); Brandy Alexander, Frenchy (Seite 38)

Cointreau: Mer du Sud, Fire on Ice (Seite 82)

Crème de Banane: Banana Boat, Evergreen (Seite 76)

Crème de Cassis: Cassis Lady, Pink Colada (Seite 70)

Drambuie: Rusty Nail, Corcovado (Seite 96)

Fruchtsaft: Pussy Foot, Alice (Seite 40); Florida, Green Banana (Seite 42); Andrea, Exotic Punch (Seite 44); Speedy Gonzalez, Strawberry Kiss (Seite 46)

Galliano: Golden Dream, Yellow Bird (Seite 66)

Gin: Martini-Cocktail, Gimlet (Seite 48); Flamingo, Tom Collins (Seite 50); Gin Tonic, Big Ben (Seite 52); Paradise, White Lady, Blue Lady (Seite 54); Singapore Sling, Florida Sling (Seite 56)

Grand Marnier: Red Lion, Rêve Tropical (Seite 80)

Irish Whiskey: Irish Coffee, Irish Lady (Seite 116)

Kaffeelikör: White Russian, Tia Tropical (Seite 92)

Kontiki Red Orange: Tropical Red Orange, Fireball (Seite 84)

Midori Melon Liqueur: Midori Sour, Green Sex Machine (Seite 58)

Pfefferminzlikör: Grasshopper, Menthe Frappé (Seite 78)

Pfirsichlikör: Peach Daiquiri, Sex on the Beach (Seite 72)

Pisco: Pisco Sour, Pisco Tonto (Seite 98)

Red Bull: Bull Royal, KGBull, Russian Bull (Seite 94); Cool Bull (Seite 124)

Rum: Cuba Libre, Planter's Punch (Seite 100); Piña Colada, Mai Tai (Seite 102); Daiquiri, Frozen Daiquiri, Caipirissima (Seite 104); Bahama Mama, Pusser's Painkiller (Seite 106)

Scotch Whisky: Scottish Surprise, Rob Roy (Seite 114)

Southern Comfort: Comfort Manhattan, Florida Comfort (Seite 60); Scarlett O´Hara, Honolulu Juicer (Seite 62)

Tennessee Whiskey: Whiskey Sour, Old Fashioned (Seite 118)

Tequila: Margarita, Blue Margarita, Xuxu Margarita (Seite 108); Tequila Sunrise, El Diabolo (Seite 110)

Vermouth: Big Apple, Vermouth Cassis (Seite 112)

Wodka: Bloody Mary, Moscow Mule (Seite 120); Screw Driver, Harvey Wallbanger, Swimming Pool (Seite 122); Caiprovka, Cool Bull (Seite 124)

Über den Autor

Franz Brandl zählt seit über 20 Jahren zu den ganz großen seines Fachs. Als einer der wenigen ausgebildeten und geprüften Barmeister seiner Zeit kann er auf eine erfolgreiche Karriere zurückblicken. In München leitete er u. a. Harrys New York Bar und Eckart Witzigmanns Bar im Restaurant Aubergine. Heute ist Franz Brandl nur noch beratend tätig und befasst sich mit dem Schreiben von Büchern rund um das Thema »Bar«.

Literatur

Brandl, Franz: Cocktails mit Alkohol. Cormoran Verlag. München 1997

Brandl, Franz: Cocktails ohne Alkohol. Cormoran Verlag. München 1997

Brandl, Franz: Mixguide. Südwest Verlag. München 1998

Hinweis

Das vorliegende Buch ist sorgfältig erarbeitet worden. Dennoch erfolgen alle Angaben ohne Gewähr. Weder Autor noch Verlag können für eventuelle Nachteile oder Schäden, die aus den im Buch gemachten praktischen Hinweisen resultieren, eine Haftung übernehmen.

Gläser

Autor und Verlag danken der Fima Schott, Zwiesel, für die freundliche Bereitstellung der im Buch abgebildeten Gläser.

Bildnachweis

Alle Bilder stammen von Reinhard Rohner, München, außer: Dirk Albrecht, Meinerzhagen: 4

Impressum

© 1998 Südwest Verlag GmbH in der Verlagshaus Goethestraße GmbH & Co. KG, München

Alle Rechte vorbehalten. Nachdruck – auch auszugsweise – nur mit Genehmigung des Verlags.

Redaktion: Ettore L. Bagio
Projektleitung: Dr. Alex Klubertanz
Redaktionsleitung: Dr. med. Christiane Lentz
Bildredaktion: Ute Schoenenburg
Produktion: Manfred Metzger
Umschlag: Manuela Hutschenreiter, München
Layout: Wolfgang Lehner
DTP: Matthias Liesendahl

Printed in Italy
Gedruckt auf chlor- und säurearmem Papier

ISBN 3-517-08034-9

Alexander Frenchy 38
Alice 40
Amaretto Sour 86
Americano 26
Andrea 44
B and B 64
Bahama Mama 106
Banana 42
Banana Boot 76
Batida de Mel 28
Batida Sunrise 88
Bellini 32
Between The Sheets 36
Big Apple 112
Big Ben 52
Bloody Mary 120
Blue Lady 54
Blue Margarita 108
Brandy 38
Brasil Tropical 88
Bull Royal 94
Caipirinha 28
Caipirissima 104
Caipirovka 124
Campari Orange 26
Cassis Lady 70
Cherry Banana 68
Cinderella 40
Comfort Manhattan 60
Cool Bull 124
Corcovado 96
Cuba Libre 100
Daiquiri 104
El Diabolo 110
Evergreen 76
Exotic Punch 44
Fire on Ice 82

Flamingo 50
Florida Comfort 60
Florida Green 42
Florida Sling 56
Frozen Daiquiri 104
Green Sex Machine 58
Gimlet 48
Gin Tonic 52
Golden Dream 66
Grasshopper 78
Green Monkey 74
Harvey Wallbanger 122
Honolulu Juicer 62
Irish Coffee 116
Irish Lady 116
Jack Rose 30
Jungle Juice 74
KGBull 94
Kilimanjaro 90
Kir Framboise 34
Kir Royal 34
Mai Tai 102
Marco Polo 64
Margarita 108
Martini-Cocktail 48
Marula Paradise 90
Menthe Frappé 78
Mer du Sud 82
Midori Sour 58
Moscow Mule 120
Night in Blue 88
Old Fashioned 118
Original Manhattan 60
Paradise 54
Peach Daiquiri 72
Piña Colada 102
Pink Colada 70

Pink Flamingo 68
Pisco Sour 98
Pisco Tonto 98
Planter's Punch 100
Pomme d'Amour 32
Pusser's Painkiller 106
Pussy Foot 40
Red Fireball 84
Red Lion 80
Rémy Cup 36
Rêve Tropical 80
Ritz 34
Rob Roy 114
Rum Alexander 38
Russian Bull 94
Rusty Nail 96
Scarlett O'Hara 62
Scottish Surprise 114
Screw Driver 122
Sex on the Beach 72
Side Car 36
Singapore Sling 56
Sir Henry 30
Speedy Gonzalez 46
Strawberry Kiss 46
Swimming Pool 122
Tequila Sunrise 110
Tía Tropical 92
Tom Collins 50
Tropical Red 84
Vermouth Cassis 112
Whisky Sour 118
White Lady 54
White Russian 92
Xuxu Margarita 108
Yellow Almond 86
Yellow Bird 66